# 천로역정 주니어

지은이 | 존 번연
초판 발행 | 2023. 7. 19
2쇄 | 2024. 4. 19
등록번호 | 제1988-000080호
등록된 곳 | 서울특별시 용산구 서빙고로 65길 38
발행처 | 사단법인 두란노서원
영업부 | 2078-3352  FAX | 080-749-3705
출판부 | 2078-3331

책값은 뒤표지에 있습니다.
ISBN 978-89-531-4526-9  73230

독자의 의견을 기다립니다.
tpress@duranno.com  www.duranno.com

ⓒ 이 출판물은 저작권법에 의해 보호를 받는 저작물이므로
  무단 전재와 무단 복제, 무단 사용을 할 수 없습니다.

두란노서원은 바울 사도가 3차 전도여행 때 에베소에서 성령 받은 제자들을 따로 세워 하나님의 말씀으로 양육하던 장소입니다. 사도행전 19장 8-20절의 정신에 따라 첫째 목회자를 돕는 사역과 평신도를 훈련시키는 사역, 둘째 세계선교(TIM)와 문서선교(단행본·잡지) 사역, 셋째 예수문화 및 경배와 찬양 사역, 그리고 가정·상담 사역 등을 감당하고 있습니다. 1980년 12월 22일에 창립된 두란노서원은 주님 오실 때까지 이 사역들을 계속할 것입니다.

존 번연 지음

두란노

추천사 · 06
들어가면서 천국으로 들어가기를 힘쓰는 순례자 · 14

1장
 멸망의 도시를 떠나며 · · · · · 18

2장
좁은 문으로 가는 길 · · ·  · · 34

3장
 무거운 짐을 벗어 버리고 · · · · · 49

4장
악마들과 전투를 벌이다 · · ·  · · 60

5장
든든한 벗, 신실을 만나다 · · · · · 71

차례

6장
헛됨시장에서 만난 큰 위험 · · · · 77

7장
절망의 거인과 의심의 성 · · · · · 86

8장
마지막 공격을 퍼붓는
믿음 강도들 · · · · · · · · · · · · · 102

9장
죽음의 강 건너 마침내 천국 · 112

교회와 가정에서 풍성하게 나눌 수 있는 독서 지도안 · 121

## 추천사

　《천로역정》은 성경 다음으로 많이 읽힌 책으로 수세기에 걸쳐 사람들에게 큰 감동을 주었습니다. 신앙의 길은 결코 쉽지 않지만 끝까지 가야 할 길입니다. 세상의 흐름대로 사는 인생에겐 소망이 없습니다. 이 책은 우리가 걸어야 할 신앙의 길을 잘 보여 줍니다. 그리고 어떻게 천국까지 가야 하는지 잘 가르쳐 줍니다.

　《천로역정》의 번역본이 여럿 나와 있지만 특별히 다음 세대를 위한 책은 절실합니다. 이 책은 잘 각색된 이야기와 좋은 그림이 있으며, 책의 내용으로 토론을 할 수 있게 구성되어 있어 한국 교회와 가정에서 읽기에 적합합니다. 다음 세대가 이 책을 읽고 하나님 나라의 꿈을 꾸길 소망합니다. 이 책을 읽은 후 가평 필그림하우스 천로역정 공원을 방문하면 더욱 내용을 확실히 기억할 것입니다. 다음 세대에게 하나님의 은혜가 있기를 기도합니다.

| **이동원** 목사 · 지구촌교회 원로목사

《천로역정 주니어》는 기독교의 대표적인 고전인 존 번연의 《천로역정》을 크리스천 아이들의 눈높이에 맞게 각색한 흥미로운 책입니다. 이 책은

세속적인 가치와 온갖 유혹 속에 살아가고 있는 크리스천 아이들에게 하나님의 말씀대로 살아가는 지혜를 알려 주고, 믿음으로 승리하는 법을 제시해 줍니다. 더욱이 이 책에는 '독서 지도안'까지 친절하게 마련되어 있어서 교회와 가정에서 소그룹 교육이나 나눔교재로 활용할 수 있습니다. 신앙 안에서 참된 행복을 찾고, 하나님이 기뻐하시는 사명자로 살아가기를 원하는 모든 아이와 부모님에게 이 책을 강력하게 추천합니다.

| **김성중** 교수 · 장로회신학대학교 기독교교육과 교수, 기독교교육리더십연구소 소장

    태어나면서 죽을 때까지 모든 순간은 이야기를 만듭니다. 그리고 그 이야기에는 힘이 있습니다. 지난 몇 년간 들은 이야기, 읽은 이야기, 경험한 이야기가 모여 현재의 나

를 존재하게 합니다. 우리 아이들의 마음의 책장에는 어떤 이야기들이 쌓여 가고 있을까요? 《천로역정 주니어》는 크리스천 이야기의 종합 세트입니다. 《천로역정 주니어》가 거센 세속적 세계관의 이야기 속에서 살아가는 자녀들에게 도전이 되고 기준이 되길 소망합니다.

| **노희태** 목사 · 온누리교회 차세대 본부장, 〈새벽나라〉 편집장

《천로역정》은 성경 다음으로 많이 읽힌 책이라고 합니다. 저는 성경을 많이 읽어야 한다고 생각하고, 실제로도 많이 읽고 있습니다. 《천로역정》은 신앙의 여정을 비유를 사용하여 훌륭하게 그린 책입니다. 아이들이 성경과 함께 이 책을 읽는다면 믿음이 더욱 든든해질 것이라 생각합니다. 그리고 영혼이 더욱 풍요

로워지며 신앙생활에 큰 진보가 일어나리라 믿습니다. 이 책을 통해 하나님과 동행하는 삶이 얼마나 행복한지 아이들이 알게 되기를 기도합니다.

| **조혜련** 집사 · 개그우먼, 방송인

　우리 아이들이 천국에 대한 소망을 가지고 날마다 주님과 동행하는 삶을 살아야 함을 깨닫게 해주는 정말로 유익한 책입니다. 왜《천로역정》이 400년 동안 크리스천에게 최고의 고전으로 손꼽히는지 알게 될 것입니다. 특히《천로역정 주니어》는 우리 학생들이 잘 읽을 수 있도록 현시대에 맞게 각색, 수정된 최고의 책입니다.
　《천로역정 주니어》는 천국을 향해 순례를 하는 모험 이야기입니다. 주인공 크리스천이 신실, 소망과 함께 천국으로 가는 길을 모험이라는 여정으로 아주 재밌게 그렸습니다. 천국으로 가는 동안 방해하는 수많은 것들(고집, 변덕, 절망, 정욕, 무지, 게으름, 교만, 허례, 위선, 고난, 위험, 멸망, 겁쟁이, 불신, 아볼루온, 사망, 유혹, 육신의 정욕, 안목의 정욕, 이생의 자랑, 수치, 수다쟁이, 헛됨, 질투, 미신, 아첨쟁이, 음란, 탐욕, 맹목, 불량, 악의, 호색, 방탕, 거만, 증오, 거짓말쟁이, 잔인, 완고, 감언이설, 사심, 세상 집착, 돈 사랑, 구두쇠, 금전, 절망, 의심, 소심, 불신, 죄책감, 아첨꾼, 무신론자, 죽음 등)을 말씀과 기도로 끝까지 잘 물리쳐서 마침내 천국에 입성하는 모습이 아주 감격스럽고 놀랍습니다.

　주인공 크리스천이 지나는 곳곳에서 만나는 사람들과 상황들을 보며 신앙생활과 믿음이 무엇인지, 무엇을 붙잡고 살아야 하는지 곰곰이 묵상하게 됩니다. 세상 것이 좋아 보이고, 화려하고 아름다운 것을 추구하는 이 시대를 거슬러 진정으로 추구해야 하는 진리를 붙잡는 다음 세대가 되기를 소망합니다. 아울러 이 책을 읽는 아이들이 천국에 소망을 두고 이 땅에서 성령 충만함과 강한 믿음으로 무장한 예수 그리스도의 최정예 군인으로 살게 될 것임을 믿어 의심치 않기에 강력히 추천합니다.

| **최병호** 선생 · 다니엘리더스스쿨 대표 선생, 행복한 전도의 삶 TV 운영자,
《열혈청년 전도왕》, 《열혈교사 전도왕》 저자

고전은 힘이 있습니다. 오랫동안 사랑받고 수많은 독자들이 감동받은 글이라면 지금 여러분의 시간을 내어 줄 만한 이유가 될 것입니다. 글은 시간을 내서 읽어야 합니다.
성경 읽기가 나태해질 때 혹은 여름수련회를 준비하면서 읽으면 좋을 책이 나왔습니다. 쉽지 않은 글을 딱 여러분에게 맞춰서 오늘의 표현으로 다시 써 내려가고 예쁜 그림까지 더해져 읽는 재미가 있습니다. 부모님도 읽으셨고 할아버지 할머니도 읽으셨을 《천로역정》을 여러분도 꼭 손에 쥐어 보기 바랍니다.

"저자는 왜 이 작품을 이렇게 표현했을까? 그리고 이 표현들이 의미하는 바는 무엇일까?" 하는 궁금증과 흥미를 가지고 읽다 보면 어느새 마음이 따뜻해지고 새로운 믿음의 깨달음이 솔솔 일어날 것이라 확신합니다.

뜨거운 여름, 시원한 곳을 찾아 《천로역정 주니어》와 함께 새로운 은혜의 자리로 나아가길 기도합니다. 여러분은 존재 자체만으로도 가장 귀한 생명입니다. 사랑합니다!

| **홍민기** 목사 · 라이트하우스무브먼트 대표, 브리지임팩트사역원 이사장

**들어가면서**

# 천국으로 들어가기를 힘쓰는 순례자

《천로역정》을 쓴 존 번연은 1628년에 영국 엘스토<sup>Elstow</sup>에서 태어났어. 번연은 키가 크고, 체격이 우람하며, 콧수염을 길렀지. 그는 늘 수수한 옷차림으로 검소한 생활을 했다고 해. 번연은 자신의 전 생애를 바쳐 하나님을 사랑했고, 목사로서 하나님의 말씀을 전하기 위해 온 힘을 쏟았단다.

번연이 살던 시대는 영국 국왕 찰스 2세가 다스렸어. 찰스 2세는 영국 성공회를 제외한 다른 기독교 교파를 탄압했기 때문에 번연은 몰래 비밀집회를 열 수밖에 없었어. 그 혐의로 무려 12년<sup>1660-1672년</sup> 동안이나 감옥살이

를 했단다. 번연은 감옥에서 많은 작품을 썼어.《천로역정》(1678)을 비롯해《죄인의 괴수에게 넘치는 은혜》(1666),《악인 씨의 삶과 죽음》(1680),《거룩한 전쟁》(1682) 등 명저를 남겼어.《천로역정》은 성경 다음으로 가장 많이 인쇄된 책이래. 이 책은 당시 영국은 물론이고 유럽과 미국에서도 엄청난 인기를 얻었어. 지금도 전 세계 사람들이 이 책을 읽으며 감동을 받고 있단다.

번연은 처음에는 성도들의 삶에 대한 글을 쓰려고 했대. 그런데 믿음의 순례에 대한 비유 모험 판타지로 방향을 완전히 바꾸었어. 순례란 일종의 모험 이야기라고 할 수 있단다. 이야기는 꼬리에 꼬리를 물고 생각났대. 펜만 들면 자연스럽게 이야기가 떠올랐다지 뭐야.

신약성경에도 비유가 많이 등장해. 예수님은 잃어버린 양의 비유, 탕자의 비유, 천국 비유 등 다양한 비유를 사용하여 중요한 말씀을 많이 하셨어. 이 책도 크리스천이라는 주인공이 천국으로 가는 길에서 만나는 여러 사람들과 많은 위험 등을 비유로 표현해 신앙인이 꼭 거쳐야 할 영적 여정을 생동감 있게 표현해 냈어.

이 책의 주인공 크리스천은 천국에 도착하기 전까지 위험천만한 모험을 한단다. 《걸리버 이야기》의 걸리버나 《15소년 표류기》의 소년들처럼 말이야. 크리스천은 멸망의 도시를 떠나 늪에도 빠지고, 무시무시한 악마 아볼루온도 만나고, 헛됨시장에서 죽을 뻔하기도 해. 하지만 모든 어려움을 이겨 내고 결국 천국에 들어가게 된단다. 물론 혼자의 힘으로 해낸 건 아니야. 같이 모험을 하는 친구도 있었고, 무엇보다 하나님이 크리스천의 여정에 함께해 주셨기에 가능했지. 모든 신앙인은 반드시 이러한 영적 여행을 떠나야 한단다.

이 책은 주니어용으로 십대들이 좀더 생동감 있게 이해하도록 각색을 했어. 이 책을 읽으며 그 안에 감추어진 영적 원리들을 발견해 보렴. 그리고 크리스천 십대가 어떤 마음가짐으로 일상을 살아야 하는지도. 아는 만큼 보이듯 이 책에 숨어 있는 보석들을 캐내길 바라.

# 1장
# 멸망의 도시를 떠나며

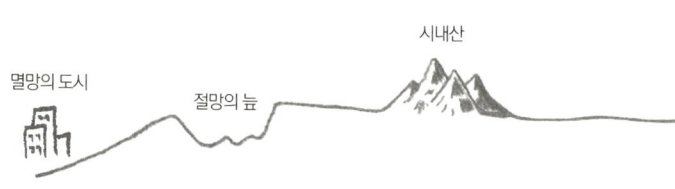

　한 남자가 모래가 휘날리는 들판을 걸어 집으로 가고 있었다. 그의 이름은 **크리스천**이고, **멸망의 도시**에 살고 있었다. 허름한 차림에 무거운 짐을 등에 진 사 64:6; 시 38:4 그의 얼굴에는 괴로움과 두려움이 가득했다. 죄의 짐이 어깨를 짓눌러 머리끝까지 아팠다. 그의 손에는 책 한 권이 들려 있었다. 그는 책을 읽다가 눈물을 흘리기도 하고, 땅이 꺼질 듯 한숨을 쉬기도 했다. "아, 어떻게 하면 좋을까!" 행 2:37 하며 그는 머리를 두 손으로 움켜쥐기도 했다.

집으로 돌아온 크리스천은 아내와 아이들에겐 아무 내색도 하지 않았다. 어제와 똑같이 밥을 먹고 텔레비전을 보았다. 하지만 괴로움과 두려움이 점점 심해지자 결국 아내와 아이들에게 마음을 털어놓았다.

"여보 그리고 얘들아, 내 말을 들어봐. 매일 나를 짓누르는 짐 때문에 너무 괴롭고 두려워. 하늘에서 불이 내려와 이 도시를 완전히 태워버릴 거래. 만약 구원받을 방법을 찾지 못하면 우린 꼼짝없이 죽을 수밖에 없어. 우리는 당장 떠나야 해!"

그의 말에 아내와 아이들은 어리둥절해했다.

"여보, 요즘 스트레스가 너무 많았나 봐. 헛소리를 하잖아. 좀 쉬어. 아무 생각도 하지 말고."

아내는 크리스천이 잠자리에 들도록 불도 끄고 아이들에게도 조용히 있으라고 했다. 한숨 자면 나아질 거라 생각했다. 그러나 다음날도, 그 다음날도 크리스천은 똑같은 이야기를 했다. 이제 아내와 아이들은 그의 말을 귀담아 듣지 않았다. 아니, 오히려 화를 내며 그에게 핀잔을 주었다. 크리스천은 너무 가슴 아프고 슬펐다. 그는 혼자 들에 나가서 책을 읽거나 기도를 하며 힘든 마음을 달랬다.

### 임박한 진노를 피해

다음날도 크리스천은 들판에 있었다. 괴로움과 두려움이 파도처럼 밀려와 눈물이 주르륵 흘렀다.

"아, 도대체 어떻게 해야 구원을 받을 수 있단 말인가!" 행 16:30-31

그때 **전도자**라는 사람이 그에게 다가왔다.

"왜 그렇게 울고 있습니까?"

"선생님, 제 등에 있는 무거운 짐이 저를 지옥까지 끌어내릴까 봐 두렵습니다. 제가 죽을 수밖에 없고, 죽은 후에는 심판을 받는다는 사실을 이 책을 보고 알게 되었어요. 그런데 저는 죽고 싶지도 않고, 심판을 받고 싶지도 않아요." 히 9:27; 욥 10:21-22; 겔 22:14

전도자는 크리스천에게 양피지 두루마리 하나를 보여 주었다. 두루마리엔 이렇게 적혀 있었다.

임박한 진노를 피하라 마 3:7

크리스천은 전도자를 올려다보며 말했다.
"어디로 피해야 할까요?"
전도자는 손가락으로 벌판 끝의 지평선을 가리켰다.
"저 멀리 좁은 문이 보입니까?" 마 7:13-14

"안 보입니다."

"그러면 저 환한 빛은 보입니까?" 시 119:105; 벧후 1:19

크리스천은 고개를 끄덕였다.

"저 빛을 따라 똑바로 가면 문이 나올 거예요. 문을 두드리면 누군가 나와서 당신이 어디로 가야 할지 알려 줄 겁니다."

크리스천은 희망에 부풀어 뛰어갔다. 그때 저 멀리서 아내가 "돌아와요, 여보!" 하고 외쳤다. 그는 잠시 주춤거리다 소리쳤다.

"여보, 나 먼저 모험을 떠날게! 당신도 준비되는 대로 와요!"

그는 "생명! 영원한 생명!" 하고 외치더니 이내 이를 악물고 들판 끝을 향해 달렸다. 눅 14:26; 창 19:17

그가 뛰는 모습을 본 **고집**과 **변덕**은 이렇게 말했다.

"저 사람이 모험을 떠나게 해서는 안돼. 그를 억지로라도 데려와야겠어."

그들은 크리스천 뒤를 따라 뛰었다. 그리고 얼마 안 있어 크리스천을 따라잡았다.

"아니, 왜 따라오는 거요?"

크리스천은 숨을 헐떡이며 고집과 변덕에게 소리쳤다.

"집에 갑시다. 뭐하러 사서 고생을 한단 말이오? 편안히 도시 생활을 즐기란 말이오. 게임도 하고 좋은 영화도 보면서 말이오."

고집과 변덕이 크리스천의 양팔을 붙잡자 크리스천은 그들의 손을 뿌리쳤다.

"그럴 수는 없어요. 거긴 멸망의 도시예요. 거기에 그대로 있다간 모두 죽고 말아요. 불과 유황이 타오르는 곳으로 떨어지고 만다고요. 그러지 말고 당신들도 나와 함께 갑시다."

"뭐라고요? 집과 친구와 편안한 삶을 버리고 당신을 따르라고요?"

고집은 코웃음을 쳤다.

"제가 찾는 건 썩지도, 더러워지지도, 낡아 없어지지도 않는 유산입니다. 이것들은 천국에 안전하게 보관되어 있어요.<sup>벧전 1:4; 히 11:16</sup> 그 유산을 부지런히 찾는 사람은 때가 되면 받을 수 있답니다. 제가 갖고 있는 책에 분명히 써 있어요. 한번 보시겠어요?"

크리스천은 책을 내밀었다.

"됐소. 저리 치워요. 우리랑 같이 돌아갈 거요, 말거요?"

고집은 툴툴대며 말했다.

"전 돌아갈 수 없어요."

크리스천은 단호하게 고개를 흔들었다. 그때 변덕이 나섰다.

"잠깐, 이 착한 양반의 말이 사실일 수도 있잖아요? 저는 이분과 같이 가고 싶네요. 이분이 찾는 것이 내가 가진 것보다 더 귀중할지 누가 알아요?"

고집은 두 눈을 크게 뜨며 변덕을 쳐다봤다.

"헛. 기가 막혀서……. 당신, 저 사람의 말에 넘어간 거요?"

크리스천이 진심을 담아 말했다.

"제가 말한 건 정말 있어요. 제 말을 못 믿겠다면 이 책을 읽어 보세요. 틀림없는 사실이 담겼어요. 이 책을 지으신 분이 증명한답니다. 히 9:17, 22"

변덕은 미소를 지으며 말했다.

"좋아요. 당신을 따라가겠소. 그런데 길은 잘 알고 있겠죠?"

크리스천과 변덕은 함께 길을 떠났다. 고집은 고개를 내저으며 집으로 돌아갔다.

### 절망의 늪

크리스천과 변덕은 이야기를 나누며 들판을 걸었다.
변덕이 말했다.
"자, 크리스천. 우리가 어디로 가고 있는지 좀더 자세히 알려주겠소? 나는 분명한 걸 좋아하는 사람이랍니다."
"제가 말을 잘 못하는 편이라…… 대신 이 책에 있는 내용을 읽어 드리겠습니다."
크리스천은 책을 펴서 읽어 내려갔다.
"우리가 영원한 나라를 물려받을 거라고 써 있어요. 하나님이 원하는 모든 사람에게 그 나라를 거저 주십니다.사 55:1-2; 요 6:37, 7:37 우리는 생명을 얻어 거기서 영원히 살게 된답니다.사 45:17; 요 10:27-29"
"귀가 번쩍 뜨이는군요. 또 말해 보아요."

"그곳엔 영광의 왕관이 있고, 우리는 반짝반짝 빛나는 옷도 입게 됩니다.딤후 4:8; 계 3:4; 마 13:43 그리고 더 이상 눈물도, 슬픔도 없어요. 하나님이 우리의 눈물을 닦아 주시지요.사 25:8; 계 7:16-17, 21:4"

"멋진 이야기에요. 우리는 누구와 함께 살게 되지요?"

"천사들과 함께 살 거예요. 먼저 그곳에 간 사람들도 만나구요. 무엇보다 하나님과 영원히 함께 살게 된답니다. 정말 멋지지요?"

"빨리 그곳에 가고 싶군요. 서두릅시다."

"네. 그런데 이 짐 때문에 빨리 걷기가 힘드네요."

두 사람은 이야기에 열중하며 걸었다. 그 바람에 늪을 못 보고 빠지고 말았다. 그 늪의 이름은 '**절망의 늪**'이었다.

절망의 늪은 죄를 깨달을 때 영혼에서 생기는 온갖 오물이 흘러내려와 형성되었다. 두려움과 의심, 걱정이 이곳으로 모여든다. 왕이신 하나님은 이곳을 메우려고 일꾼들을 보내시고, 1600년이 넘도록 온갖 가르침을 여기에 쏟아부었지만 늪은 사라지지 않았다. 앞으로도 이 늪은 없어지지 않을 것이다.

질퍽한 진흙은 두 사람을 점점 더 아래로 끌어내렸고, 악취 때문에 숨조차 쉬기 어려웠다. 두 사람은 늪에서 빠져나오려고 필사적으로 허우적거렸다. 그럴수록 크리스천은 등에 진 무거운 짐 때문에 더 깊이 빠져들었다.

하지만 변덕은 가까스로 멸망의 도시와 가까운 늪 가장자리로 빠져나왔다.

"이게 당신이 말한 행복이오? 시작부터 이렇게 험난하면 앞으로도 고생길일 게 뻔하지 않소. 당신 혼자 그곳에 가시오!"

변덕은 크리스천을 구해 주지도 않고 혼자 집으로 가 버렸다. 크리스천은 한참을 허우적거리다가 멸망의 도시 반대편, 즉 좁은 문 쪽으로 이어진 늪 가장자리에 가까스로 이르렀다. 하지만 짐 때문에 늪 위로 올라갈 수는 없었다. 그때 **도움**이라는 사람이 그에게 다가왔다.

"어서 제 손을 잡으세요."

도움이 내민 손을 잡고 크리스천은 땅 위로 올라올 수 있었다. 도움은 크리스천의 옷에 묻은 오물을 털어 주며 그가 계속 길을 갈 수 있도록 도와주었다.

## 세속 현자와 율법 선생

도움과 헤어진 크리스천은 길을 걷다가 **세속 현자**를 만났다. 세속 현자는 **세상 수단**이라는 아주 큰 도시에 살았는데, 멸망의 도시에서 가까웠다.

세속 현자가 크리스천에게 말을 걸었다.

"이보시오. 그 무거운 짐을 지고 어딜 가는 것이오?"

크리스천이 대답했다.

"저는 좁은 문으로 가고 있습니다. 그곳에 가면 이 무거운 짐을 벗을 방법이 있다고 들었거든요."

"이 길로 가면 그 짐을 벗을 수 있다고 누가 그러오?"

"전도자 선생님이 그러셨습니다."

"쯧쯧. 그 자가 알려 준 길보다 더 위험하고 고된 길은 없을 것이오. 고생 많을 텐데……. 오물 묻은 옷을 보니 이미 절망의 늪에서 심하게 당했구려. 쯧쯧. 자, 내 말을 잘 들어 보시오. 이 길은 몹시 험악한 데다 위험하다오. 사자나 용을 만날 수도 있지. 한마디로 죽을 수도 있다는 뜻이오. 그래도 전도자의 말만 믿고 그 길로 가겠소?"

크리스천은 두려워졌다.

"하지만 전 제 등의 짐이 훨씬 더 끔찍합니다. 이 짐을 벗을 수만 있다면 어떤 고생도 견뎌 낼 수 있을 것 같아요."

"어떻게 해서 그 짐을 지게 되었소?"

크리스천은 손에 쥐고 있던 책을 그에게 내밀었다.

"이 책을 읽은 뒤부터입니다."

"쯧쯧. 내가 당신의 짐을 벗겨 줄 안전한 방법을 알려 주겠소. **시내산** 너머에 **도덕**이라는 마을이 있는데, 거기에 현명한 **율법 선생**이 살고 있소. 당신처럼 무거운 짐을 지고 가는 사람에게 도움을 많이 주었다오. 그가 없다면 그의 아들인 **예의**를 만나 보시오. 어서 가서 도움을 받아 보시오."

크리스천은 세속 현자의 말을 따르기로 결심했다. 짐을 벗겨 줄 방법이 있다는 말에 솔깃했던 것이다. 크리스천이 산 가까이 가서 보니 가파른 절벽이 당장이라도 머리 위로 쏟아질 것처럼 위태로워 보였다.

산은 생각보다 훨씬 높고 험했다. 크리스천의 온몸이 땀으로 흠뻑 젖었다. 불안감이 엄습했지만 율법 선생 집이 산 너머에 있다니 포기할 수도 없었다. 설상가상으로

길에서 벗어난 뒤로 짐이 더 무겁게 느껴졌다. 게다가 산에서 불길이 치솟고 출 19:18 수시로 번개가 번쩍거려 당장이라도 벼락을 맞을 것만 같았다.

'아, 가던 길로 쭉 갔어야 했나……'

크리스천은 두려움에 벌벌 떨었다. 그런데 저 앞에서 전도자가 다가오는 게 아닌가. 크리스천은 너무 부끄러워 얼굴이 벌게졌다.

"당신은 전에 멸망의 도시 근처에서 울고 있던 분 아닙니까?"

"네. 맞습니다."

"제가 좁은 문으로 가라고 했는데, 왜 곁길로 빠지셨습니까?"

"절망의 늪을 벗어나자마자 세속 현자라는 분을 만났습니다. 율법 선생이 짐을 벗겨 줄 거라 해서 거기로 가

던 중이었습니다. 더 빠르고 쉬운 길이라고 해서요."

전도자는 한숨을 쉬고는 하나님의 말씀을 들려주었다.

"'조심하십시오. 여러분에게 말씀하시는 분을 거부하지 마십시오! 저 사람들은 땅에서 지시한 사람을 거부했을 때 벌을 피할 수 없었습니다. 하물며 우리가 하늘로부터 말씀하시는 분에게서 등을 돌린다면 훨씬 더 그럴 것입니다.'히 12:25 '나의 의인은 믿음에 기초해서 살 것이라. 또한 그가 움츠러들면 내 마음이 그를 좋아하지 않을 것이다.'히 10:38"

크리스천의 머릿속이 하얘졌다.

"세속 현자는 율법과 도덕, 예의를 지켜 구원을 받으라고 합니다. 그 교리를 따르면 십자가를 지지 않아도 되기 때문이에요.갈 6:12 그런데 율법을 하나만 어겨도 죄인이 되어 구원받을 수 없게 됩니다. 어느 누구도 완벽하게 도덕이나 율법을 지킬 수 없지요. 율법은 당신의 짐을 벗겨줄 수 없어요. 하나님은 좁은 문으로 들어가기를 힘쓰라고 하셨습니다.눅 13:24 생명으로 인도하는 문은 좁고 길이 비좁아 그것을 찾는 사람이 적습니다.마 7:13-14"

크리스천은 슬퍼하며 큰 소리로 울었다. 왜 바보같이

속았을까 하며 후회했다.

"전도자 님, 저에게 희망이 남아 있을까요? 지금이라도 바른길로 갈 수 있을까요?"

"당연히 바른길로 갈 수 있습니다. 다시는 곁길로 빠지지 않도록 조심, 또 조심하세요."

크리스천은 시내산에서 내려와 다시 길을 걷기 시작했다.

2장
# 좁은 문으로 가는 길

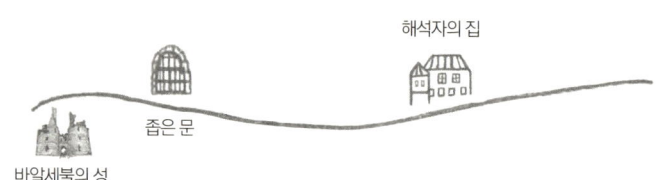

크리스천은 아무 말도 하지 않았고, 누가 말을 걸어도 침묵하며 걷기만 했다. 세속 현자의 꾐에 빠져 떠난 원래의 길로 다시 들어설 때까지 안심할 수 없었기 때문이다.

그는 마침내 **좁은 문** 앞에 도착했다. 문에는 이런 글이 쓰여 있었다.

> **문을 두드리라.
> 그리하면 너희에게 열릴 것이니.** 마 7:7

크리스천이 문을 두드리자 **선의**라는 근엄한 얼굴의 남자가 나와 문을 열어 주었다.

크리스천이 안으로 들어가려는데, 선의가 갑자기 그를 확 끌어당겼다.

"왜 그러십니까?"

"이 문에서 그리 멀지 않은 곳에 튼튼한 성이 있습니다. 그 성의 주인은 바알세불이지요. 바알세불과 그 부하들이 이 문으로 들어가려는 사람들을 죽이려고 화살을 쏜답니다."

그 순간 바알세불의 부하들이 쏜 화살이 문에 "쾅" 하고 박혔다. 크리스천은 놀란 가슴을 쓸어내렸다. 선의는 여러 가지를 물어보았다. 크리스천은 자신이 어떻게 여기까지 오게 되었는지 모험담을 들려주었다. 변덕이 절망의 늪에서 빠져나와 돌아간 이야기, 세속 현자에게 속아 율법 선생에게 갈 뻔한 이야기까지도.

"아, 변덕 님은 작은 어려움도 견디지 못하고 돌아갔군요. 안타깝습니다. 천국에서 누리는 좋은 것들을 생각하면 이겨 낼 수 있었을 텐데요. 그리고 세속 현자와 율법 선생은 아주 유명한 사기꾼입니다. 그들에게 속은 많은 사람들이 거대한 산에서 목숨을 잃었어요. 그래도 크리스천 님이 여기까지 오게 되어 다행입니다."

"전도자 님께서 저를 구하러 오지 않았다면 저 역시 죽었을 거예요. 그리고 선의 님께서 이 문으로 들어오게 해 주셔서 감사합니다."

"우리는 여기 오신 분들을 결코 외면하지 않아요.요 6:37 과거에 무슨 죄를 지었건 말이지요. 저를 따라오시겠어요? 크리스천 님이 앞으로 가야 할 길을 알려 드릴게요. 저 앞에 좁은 길이 보이지요? 믿음의 길을 걸어간 옛 성도들과 선지자들 그리고 예수님과 제자들이 만든 길이에요. 마치 자로 그은 듯 똑바르지요? 그러니 꼭 저 길로만 가셔야 해요."

"혹시 초행자가 헛갈릴 만한 갈림길이나 굽은 길은 없나요?"

"그런 길이 많긴 합니다. 하지만 모두 구불구불하거나 넓은 길이에요. 그래서 옳은 길과 그릇된 길을 쉽게 구별할 수 있어요. 곧고 좁은 길만이 옳은 길임을 잊지 마세요."

크리스천은 잠시 머뭇거리다 또 물었다.

"선의 님, 혹시 제 등에 진 짐을 벗겨 줄 수 있습니까?"

"많이 힘들지요? 하지만 구원받는 장소에 도착할 때까지 견디셔야 해요. 거기에 다다르면 저절로 등에서 짐이 떨어져 나갈 거예요."

크리스천은 다시 여행을 떠날 채비를 했다. 구원받는 장소에 가면 짐을 벗을 수 있다는 희망에 마음이 부풀어 올랐다. 선의는 조금만 가면 **해석자의 집**이 나오니 거길 들르라고 했다. 해석자는 순례길에 도움이 될 만한 것들을 보여 줄 것이라고 덧붙였다.

### 해석자의 집에서 본 것들

크리스천은 해석자의 집에 도착했다. 촛불을 든 **해석자**는 비밀스러운 방으로 안내하더니 초상화를 보여 주었다.

"이 그림은 세상에 둘도 없이 고귀한 예수님의 초상화입니다. 이분을 잘 보세요. 눈은 하늘을 향해 있고, 손에는 귀한 책이 들려 있지요. 이분은 어두움을 몰아내고 우리에게 진리를 보여 주십니다. 이 그림을 보여 주는 이유는 예수님이야말로 유일한 안내자이기 때문이에요. 크리스천 님이 여행 중에 만나게 될 어려움을 잘 이겨 내도록 예수님이 도와주실 거예요. 그러니 사망의 길로 이끄는 자들의 꾐에 넘어가지 않길 바랍니다."

### 먼지 쌓인 방

해석자는 크리스천의 손을 잡고 아주 큰 방으로 안내했다. 방에서는 한 하인이 빗자루로 바닥을 쓸고 있었는데 먼지가 얼마나 많이 일어나는지 크리스천은 질식할 것 같았다. "콜록콜록!" 크리스천은 기침을 하며 손을 휘저었다. 그러자 해석자는 옆에 있던 소녀에게 물을 뿌리라고 했다. 소녀가 물을 뿌리자 먼지는 곧 가라앉았고 방을 깨끗이 치울 수 있었다.

"이 방은 복음의 은혜로 깨끗이 씻은 적이 없는 마음을 의미해요. 처음 방을 쓸기 시작한 하인은 **율법**입니다. 물을 가져와 뿌린 소녀는 **복음**이고요. 하인이 방을 쓸자마자 먼지가 사방으로 날려 숨이 막혔지요? 먼지가 몸에도 묻게 되었고요. 이처럼 율법은 죄를 알려 주어 죄를 짓지 못하게 도와주기는 하지만 죄를 없애 주지는 못해요.롬 7:6; 고전 15:56; 롬 5:20 게다가 율법의 잣대를 들이대면 오히려 죄의 노예로 살게 된답니다."

크리스천은 해석자의 말에 고개를 끄덕였다.

"그러면 물을 뿌리는 건 무얼 의미합니까?"

"물을 뿌리니까 방 안이 깨끗해졌지요? 먼지가 날리지도 않고요. 이것이 복음의 능력이에요. 사람이 복음을 받아들이면 믿음을 통해 죄가 뿌리 뽑혀 사라지고 영혼이 깨끗해진답니다. 영광의 왕이 거하시기에 적합한 상태가 되는 거지요.요 15:3; 엡 5:26; 행 15:9"

### 두 아이의 방

해석자는 크리스천의 손을 잡고 작은 방으로 안내했다. 방에는 두 아이가 앉아 있었다. 형의 이름은 **정욕**이고, 동생의 이름은 **인내**였다.

정욕은 얼굴에 못마땅한 기색이 가득했지만, 인내는 아주 조용하고 차분해 보였다.

"두 아이의 아버지가 내년에 가장 좋은 선물을 줄 테니 기다리라고 했지요. 그런데 정욕은 당장 달라고 떼를 쓰고 있고, 인내는 기꺼이 기다리고 있습니다."

그때 웬 남자가 보물이 담긴 자루를 정욕의 발밑에 쏟았다. 정욕은 얼른 보물을 움켜쥐고 나가더니 흥청망청 써 버렸다. 보물은 곧 없어지고 남은 건 낡은 천 조각뿐이었다.

해석자가 설명해 주었다.

"두 아이는 두 종류의 사람을 말합니다. 정욕은 눈에 보이는 이 세상에서의 삶만 생각하는 사람이고, 인내는 하나님 나라를 생각하는 사람이지요. 정욕은 눈앞에 보이는 이익을 좋아해서 지금 당장 좋은 것을 다 가져야 만족합니다. 정욕 같은 사람은 아버지가 약속한 때까지 기다리지 못해요. 금세 모든 재산을 탕진해 버리고 이 세상 끝에서 망하고 말 거예요."

크리스천이 고개를 끄덕이며 말했다.

"그렇다면 인내가 지혜로운 사람이군요. 인내는 앞으로 가장 좋은 걸 누릴 테니까요."

"인내는 가장 좋은 선물을 받게 될 겁니다. 보이는 것은 잠깐이지만 보이지 않는 것은 영원합니다.<sup>고후 4:18</sup> 하지만 우리는 눈에 보이는 것에 끌리기 때문에 자꾸 보이지 않는 것을 멀리하게 되지요."

### 벽난로의 비밀

해석자는 크리스천의 손을 잡고 불이 타오르는 벽난로로 데려갔다. 난로 옆에서 어떤 사람이 불을 끄려고 계속 물을 부었지만 신기하게도 불은 점점 더 활활 타올랐다.

크리스천이 물끄러미 불을 바라보며 혼잣말을 했다.
"정말 신기한 일이네."
해석자가 설명했다.
"여기엔 비밀이 있어요. 불길은 하나님이 사람의 마음 안에 부으시는 은혜를 의미합니다. 사탄은 불을 끄려고 난로에 물을 퍼붓지요. 그러나 사탄이 아무리 방해해도 불은 더 뜨겁게 타오릅니다. 그 이유를 알려드릴까요?"

해석자는 크리스천을 벽 뒤로 데려갔다. 거기엔 한 사람이 기름통을 들고 계속 기름을 붓고 있었다.

"기름을 넣고 있는 분이 예수 그리스도이십니다. 사탄이 어떤 방해를 해도 예수님 덕분에 우리의 영혼은 은혜 안에 머물 수 있답니다. 고후 12:9"

### 아름다운 궁전

해석자는 다시 크리스천의 손을 잡고 웅장하고도 아름다운 궁전으로 안내했다. 궁전 위에는 황금빛 옷을 입은 사람들이 돌아다니고 있었다. 궁전 입구에는 한 남자가 책상 위에 장부를 펴놓고 궁궐에 들어가려는 사람들의 이름을 기록하고 있었다. 그 주위로는 중무장한 군인들이 지키고 있어 분위기는 삼엄했다.

궁전 문 앞에는 많은 사람들이 모여 있었는데 모두 쭈뼛거리기만 했다.

"저 군인들 때문에 들어가기가 겁나."

"너무 무서워. 차라리 안 들어가는 게 낫겠어."

사람들은 서로 수군거렸다. 그때 매우 용감해 보이는 한 남자가 장부를 기록하던 남자에게 다가가 "내 이름을 적어 주십시오" 하고 큰 소리로 말했다.

그가 이름을 적자 남자는 투구를 쓰고 검을 뽑고서는 무장한 군인들을 향해 달려갔다. 그러나 "쿵" 소리와 함께 그 남자는 뒤로 나가떨어지고 말았다. 그런데도 그는 다시 일어나 군인들을 향해 더 맹렬히 달려가 검을 휘둘렀다. 그는 상처를 많이 입었으면서도 한 걸음씩 궁전을

향해 나아갔다. <sup>행 14:22</sup>

그때 궁전 안에 있던 사람들이 기뻐하며 큰 소리로 외쳤다.

"들어오라, 들어오라!"

"영원한 영광을 얻으리라!"

결국 남자는 궁전 안으로 들어갔고, 궁전 안의 사람들처럼 황금빛 옷을 입게 되었다.

크리스천이 미소 지으며 말했다.

"뭘 의미하는지 알겠어요."

해석자가 말했다.

"아직 더 보여 드릴 게 있어요."

### 쇠창살 안에 갇혀 있는 남자

해석자는 크리스천의 손을 잡고 칠흑같이 어두운 방으로 데려갔다. 한 남자가 쇠창살 안에 갇혀 있었다. 그는 쭈그리고 앉아 바닥을 응시하며 한숨을 내쉬었다. 그는 몹시 슬퍼 보였다.

크리스천이 그 남자에게 물었다.

"당신은 누구십니까?"

"저는 한때 누구나 인정하는 훌륭한 신앙인이었지요.<sup>눅 8:13</sup> 당장에라도 천국에 들어갈 자격이 있다고 자부했습니다. 그런데 지금은 절망 그 자체입니다. 절대 여기서 빠져나갈 수 없을 거예요."

그는 흐느꼈다.

"어쩌다 이리 되셨습니까?"

"정욕에 이끌려 눈에 보이는 대로, 하고 싶은 대로 하며 살았습니다. 하나님을 거역하고 성령을 떠나시게 했지요. 성령이 떠나자 저는 더 엉망진창이 되었습니다. 마음이 굳어져 회개조차 못할 지경입니다."

크리스천은 남자가 안타까웠다.

"예수님의 긍휼은 끝이 없으십니다. 지금이라도 회개하고 돌아오세요. 늦지 않았어요."

"하나님은 제 회개를 거부하실 거예요. 저는 그렇게 믿어요. 그래서인지 이젠 성경 말씀을 봐도 더 이상 믿어지지가 않아요. 저에게는 희망이 전혀 없습니다. 영원히 이 불행 속에 허덕일 운명이에요. 허허헉!"

그 남자는 다시 바닥을 응시하며 한숨을 쉬었다.

해석자는 나직하게 이야기했다.

"크리스천 님, 이 사람의 모습을 기억하고 교훈으로 삼으세요."

크리스천은 이 사람처럼 절망에 빠지지 않게 기도해야겠다고 다짐했다. 해석자는 크리스천을 다른 방으로 인도했다.

### 바들바들 떨고 있는 남자

방에는 방금 잠에서 깨어난 사람이 있었는데, 그는 침대에 앉아 몸을 부르르 떨었다. 그 남자는 말했다.

"잠을 자다 꿈을 꿨어요. 하늘이 어두워지더니 천둥과 번개가 무섭게 내리쳤습니다. 너무 무서웠어요. 구름이 빠르게 몰려왔고, 구름 속에서 나팔 소리가 들려왔지요. 그때 '죽은 자들아, 일어나 심판을 받으라!'라는 소리가 울려 퍼졌어요. 그 소리와 함께 무덤이 열리더니 죽은 사람들이 일어나 걸어나오지 않겠어요?고전 15장; 살전 4장; 유 1:15 사람들은 비명을 지르며 숨기 바빴습니다.

다시 '가라시와 쭉징이와 지푸라기는 모아 불못에 던져 버리라!'마 3:12, 13:30; 말 4:1는 소리가 들렸습니다. 그 순간 깊은 구덩이가 열리더니 엄청난 불과 연기가 뿜어져 나오는 거예요. 땅이 갈라지는 듯한 굉음이 들렸어요. 그리고 '알곡은 모아 곳간에 들이라'눅 3:17는 소리가 들리자 사람들이 하늘로 올라갔어요. 저는 숨으려 했지만 그럴 수 없었어요. 구름 위에 앉은 분이 저를 보고 계셨기 때문입니다. 제가 지은 죄들이 생각나고 양심이 저를 짓눌렀습니다. 롬 2:14-15"

"꿈일 뿐이잖아요. 꿈인데 그렇게 두려웠습니까?"

"저는 전혀 준비되지 않았다는 걸 깨달았어요. 저를 보시는 재판장님의 서슬 퍼런 눈을 절대 잊지 못할 것 같아요."

방을 나서며 해석자가 크리스천에게 물었다.

"이런 일들을 생각해 본 적 있습니까?"

"네. 그때마다 소망이 생기기도 하고 더럭 겁이 나기도 합니다."

"이 일을 잘 기억해 두세요. 성령께서 당신과 함께하시며 지켜 주실 겁니다."

크리스천은 해석자에게 작별인사를 하고 다시 길을 떠났다.

# 3장
# 무거운 짐을 벗어 버리고

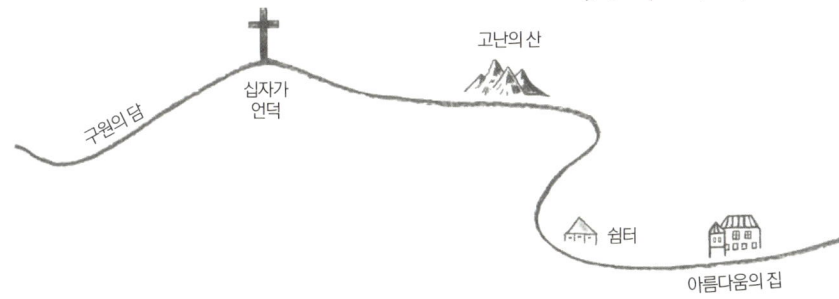

## 짐이 벗겨지다

크리스천은 **구원** 사 26:1이라는 담을 따라 **언덕**을 오르고 있었다. 언덕 위에는 십자가가 있었고, 십자가 아래에는 무덤이 하나 있었다. 등에 진 짐 때문에 크리스천의 발걸음이 점점 느려졌다.

"아, 힘들어. 그래도 조금만 더 힘을 내자!"

드디어 크리스천은 십자가 앞에 도착했고, 땀을 닦으며 잠시 쉬어 가려 했다. 그때 어깨끈이 느슨해지더니 짐이 "툭" 하고 땅에 떨어졌다. 짐은 언덕 아래로 데굴데굴 구르더니 무덤 안으로 쏙 들어가 버리는 게 아닌가.

"와! 드디어 무거운 짐이 벗겨졌다!"

크리스천은 너무 기뻐서 두 팔을 번쩍 들고 펄쩍펄쩍 뛰었다. 그러곤 벅찬 감동으로 눈물을 흘렸다.

"주님이 고난을 받으셨기에 제가 쉴 수 있게 되었고, 주님이 죽으셨기 때문에 제가 생명을 얻게 되었습니다."

크리스천은 눈물을 글썽이며 십자가를 바라보았다. 그때 세 천사가 다가왔다.

첫 번째 천사가 말했다.

"평안하세요. 당신의 죄가 사해졌답니다. 막 2:5"

두 번째 천사가 크리스천의 누더기 옷을 벗기고 새 옷으로 갈아입혀 주었다. 슥 3:4 세 번째 천사는 크리스천의

이마에 무언가 표시를 하고 봉인된 두루마리를 건넸다.엡 1:13

"믿음의 여행을 하는 동안 두루마리를 읽고, 천국 문에 도착하면 증표로 이 두루마리를 내미세요. 소중하게 보관해야 합니다."

크리스천은 너무 기뻐 덩실덩실 춤을 추었다. 그리고 노래를 부르며 다시 길을 떠났다.

죄의 짐을 지고 슬픔에 빠져 있던 나
여기서 내 등의 짐이 벗겨졌구나.
나를 얽어매던 사슬이 끊어졌구나.
복된 십자가여! 복된 무덤이여!
날 위해 고난당하신 예수님을 찬양하네.

### 고난의 산

크리스천은 어느 산기슭에 이르렀다. 그곳에서 길가에 곤히 잠든 **무지**, **게으름**, **교만** 세 남자를 만났다. 그들은 모두 족쇄를 차고 있었다.

"일어나세요. 여기서 주무시면 위험해요. 악마가 어슬렁거리다 날카로운 이빨로 여러분을 갈기갈기 찢을지 몰라요.벧전 5:8 제가 족쇄를 풀어 드릴게요."

크리스천이 다급한 목소리로 말했다. 그들은 부스스 눈을 뜨더니 성을 냈다.

"무슨 말을 하는 거요? 뭐가 위험하다는 거지? 신경 쓰지 말고 가던 길 가시오."

무지, 게으름, 교만은 이렇게 말하고 다시 잠을 청했다.

크리스천은 기분이 좋지 않았다. 불편한 마음으로 길을 걷다 좁은 길의 왼쪽 담을 넘어오는 두 사람을 보았다. **허례**와 **위선**이었다. 크리스천이 둘에게 말을 걸었다.

"당신들은 왜 입구로 들어오지 않고 담을 넘으셨나요? 문으로 들어오지 않으면 도둑요 10:1이라고 하신 말씀을 모르시나요?"

"우리 마을인 **허영**에서 좁은 문의 입구까지는 너무 멀어요. 그래서 담을 넘었습니다. 우리 마을 관습대로 한 것이니 신경 쓰지 마요."

그들은 오히려 코웃음을 쳤다. 그리고 크리스천을 훑

어보며 말했다.

"보아하니 당신은 좁은 문으로 들어왔나 본데, 거기서 온 당신이나 담을 넘어 온 우리나 여기까지 온 건 똑같지 않소? 도대체 무슨 차이가 있다는 거요?"

"저는 하나님의 법대로 가고 있지만 허례와 위선 님은 당신들 마음대로 가고 있잖아요. 저는 새 옷을 입고 있고, 이마에도 표시가 있습니다. 두루마리도 받았고요. 그러나 당신들은 아무것도 없지요. 문으로 들어오지 않았는데 하나님이 과연 두 분을 인정하실까요?"

말문이 막힌 두 사람은 크리스천을 비웃더니 서로 마주보며 웃었다. 크리스천이 다시 걷기 시작하자 두 사람도 뒤에서 따라왔다. 크리스천은 힘이 들 때마다 두루마리를 꺼내 읽으며 새 힘을 얻었다.

그들은 **고난의 산** 기슭에 다다랐다. 산에는 맑은 샘이 흐르고 있었고, 좁은 문과 잇닿은 길 외에 두 길이 더 있었다. 좁은 길은 산 위로 곧장 이어져 있었지만 다른 두 길은 왼쪽과 오른쪽으로 굽어 있었다.

"산이 꽤 높은걸?"

크리스천은 샘에서 물을 마신 후 고난의 산을 오르기

시작했다. 허례와 위선도 산기슭에 이르렀지만 높은 산 비탈 대신 곁길로 향했다. 곁길로 가도 산 너머에서 크리스천과 만날 거라 생각했기 때문이다.

허례는 **위험**이란 길로 갔고, 위선은 **멸망**이란 길로 갔다. 위험의 길로 간 허례는 빽빽한 숲에서 길을 잃고 말았다. 멸망의 길로 간 위선은 심하게 넘어져 일어나지 못했다.

크리스천은 처음에는 뛰듯이 산을 올라갔지만 갈수록 걸음이 느려졌다. 돌이 많아 발목이 삐끗하기도 했다. 나중에는 두 손과 발로 기어가다시피 했다. 산 중턱에 이르렀을 때 여행객들을 위한 쉼터가 보였다. 크리스천은 의자에 앉아 다리를 쭉 펴고 쉬었다. 그리고 두루마리를 펴 읽었다.

"여호와는 나의 목자시니 내게 부족함이 없으리로다." 시 23:1

그러나 곧 피곤이 몰려들었고, 크리스천은 자기도 모르게 깊은 잠에 빠져들었다. 그 바람에 손에 들고 있던 두루마리가 떨어져 어딘가로 굴러갔다.

얼마쯤 지났을까. 크리스천이 새소리에 놀라 눈을 뜨

니, 날이 어둑해지고 있었다. 벌떡 일어난 크리스천은 서둘러 산 정상으로 향했고, 반대편에서 허둥지둥 내려오는 두 사람을 만났다. **겁쟁이**와 **불신**이었다.

"아니 왜 그쪽에서 내려오십니까? 무슨 일이 있었습니까?"

크리스천이 묻자 겁쟁이가 대답했다.

"당신도 힘들게 정상으로 올라가는 거지요? 그리로 가면 위험한 일이 계속 있을 겁니다. 우리는 산을 오를수록 위험해져서 되돌아가는 중입니다."

"맞아요. 가는 길에 사자 두 마리를 만났어요. 조금만 더 가까이 갔더라면 아마 갈가리 찢기고 말았을 거예요."

불신은 가슴을 쓸어내렸다.

크리스천은 순간 겁이 났다.

"하지만 고향으로 간다 해도 멸망뿐입니다. 저는 영생을 향해 끝까지 가겠습니다."

크리스천은 다시 정상을 향해 올라갔다. 힘을 얻기 위해 품 속에서 두루마리를 찾는 순간 그는 깜짝 놀랐다. 두루마리가 없지 않은가! 크리스천은 한달음에 쉼터로 내려가 두루마리를 찾아다녔다. 다시 마음을 추스르고 나무의자 아래를 살핀 크리스천은 두루마리가 손에 닿자 덥석 품에 끌어안았다. 크리스천은 세상을 다 얻은 듯 기뻤다.

### 아름다움의 집

크리스천은 다시 산을 올랐지만 이미 해가 져 어두웠다. 불신과 겁쟁이가 들려주던 사자 이야기도 생각나 등골이 오싹해졌다. 게다가 오르기 힘든 산길을 세 번이나 갔다 와 너무 지쳤다. 그는 천천히 걷다 아주 웅장한 집을 보았다. 집의 이름은 **아름다움**이었다.

'오늘은 여기서 묵고 가야겠다.'

저택으로 가는 길은 좁디좁았다. 그런데 그 좁은 길 앞에 사자 두 마리가 버티고 서서 으르렁거리는 게 아닌가? 크리스천은 그 자리에서 얼어붙은 채 오들오들 떨었다. 그때 **파수꾼**이라는 문지기가 크리스천을 향해 소리쳤다.

"사자들은 사슬에 묶여 있으니 걱정 말고 걸어오세요!

한가운데로만 걸으면 다치지 않고 무사히 지나갈 수 있어요!"

크리스천은 무섭지만 용기를 내 앞으로 걸어갔다. 문지기의 말처럼 사자들은 으르렁거렸지만 묶인 사슬 때문에 크리스천을 해치지 못했다. 사자들 곁을 무사히 통과한 크리스천은 안도의 숨을 내쉬었다.

문지기는 사람들에게 믿음이 있는지 시험해 보려고 사자를 거기에 둔 거라고 했다. 크리스천은 문지기의 안내를 받아 저택으로 갔다. 벨을 누르자 **분별**이라는 아가씨가 문을 열고 나왔다.

"저는 순례자입니다. 부디 하룻밤 묵어가게 해 주십시오."

분별은 미소를 지으며 응접실로 안내했다. 그리고 **경건**, **신중**, **자비**라는 가족을 불렀다. 그들은 저녁식사가 준비될 때까지 크리스천의 모험담을 들었다. 그리고 저녁을 먹는 내내 이 산의 주인인 하나님에 대해 이야기했다. 하나님은 죽음의 권세를 지닌 자와 싸워 그를 멸망시킨 위대한 전사였다.[히 2:14-15] 그들은 서재로 크리스천을 데려가 주인이 행한 훌륭한 일들을 들려주었다.

그날 밤 크리스천은 **평안의 방**에서 잠을 잤다. 믿음의 사람들과 오래 이야기하고, 오랜만에 배부르게 먹으며, 따뜻한 곳에서 편히 쉴 수 있어서 크리스천은 감사했다. 그동안의 고생을 훨훨 털어 버릴 수 있었다.

다음 날 그들은 크리스천을 무기고로 데려가 주인이 순례자들을 위해 마련해 둔 검, 방패, 투구, 전투화 등을 보여 주었다. 그 다음날 그들은 기쁨의 산을 구경하러 갔다.

그들은 크리스천을 저택의 가장 높은 곳으로 데려간 후 남쪽을 바라보라고 했다. 정말 아름다운 풍경이 펼쳐져 있었다. 울창한 숲과 포도원, 온갖 과일과 꽃, 샘과 강이 흘렀다.사 33:16-17 그 지역의 이름은 **임마누엘의 땅**이었다.

"이 산과 마찬가지로 저 땅도 모든 순례자에게 열려 있어요. 저곳에 도착하면 천국의 문이 보일 거예요."

그들은 무기고에서 무기들을 꺼내 크리스천을 머리부터 발끝까지 완전무장시켰다. 무장을 하면 어떤 공격을 당해도 끄떡없을 것이다. 그리고 빵과 주스와 건포도를 챙겨 주었다. 선물을 받아든 크리스천은 다시 순례의 길을 이어갔다.

# 4장
# 악마들과 전투를 벌이다

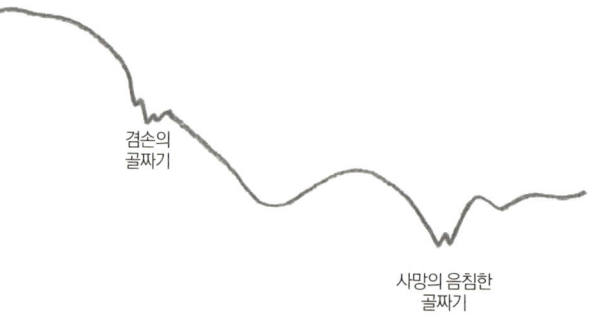

겸손의 골짜기

사망의 음침한 골짜기

### 악마 아볼루온과의 대결

크리스천은 **겸손의 골짜기**에 들어섰다. 얼마 가지 않아 악마 **아볼루온**계 9:11이 성큼성큼 다가오는 게 보였다. 아볼루온은 쳐다보기만 해도 소름이 끼칠 정도로 흉측했다. 피부는 물고기처럼 비늘이 달려 있었고, 용과 같은 날개, 곰과 같은 다리, 게다가 배에서는 불과 연기가 뿜어져 나왔다.

그는 지옥 같은 불을 내뿜으며 크리스천을 향해 쿵쿵거리며 다가왔다. 크리스천은 겁이 나 등에 식은땀이 났다. 이대로 도망가고 싶었다. 그러다 등 뒤에 갑옷을 걸치지 않았다는 걸 깨달았다. 적에게 등을 보인다면 바로 죽고 말 것이다.

'그래. 오늘 나 살고 너 죽자!'

크리스천은 죽기 살기로 악마와 맞서기로 굳게 다짐했다.

"너는 어디서 와서 어디로 가는 녀석이냐?"

아볼루온이 소름끼치는 목소리로 물었다.

"나…… 나는 멸망의 도시에서 나와 천국으로 가는 중이다."

크리스천이 대답했다.

"오호라. 멸망의 도시는 내 소유니 너는 내 백성이로구나. 그런데 어찌하여 도망을 쳤느냐?"

"당신의 땅에서는 도저히 살 수 없었다. 죄의 삯은 사망이기 때문이다.롬 6:23"

"지금이라도 돌아온다면 문제 삼지 않겠다."

"이미 하나님께 충성을 맹세한 나다. 절대 돌아가지 않겠다.”

"그자를 섬기는 자들은 끔찍한 결말을 맞게 될 것이다. 게다가 너는 이미 그자에게 불충했다. 절망의 늪에 빠졌을 때 네 마음은 흔들렸지. 잠을 자다가 귀한 두루마리도 잃어버렸고. 그리고 사자를 보자마자 도망갈 생각도 했지 않는가.”

"그렇다. 모두 사실이다. 내가 저지른 잘못은 훨씬 많다. 하지만 그분은 내 모든 잘못을 용서해 주신다.”

"아아악!!! 화가 난다!”

아볼루온은 불같이 으르렁대며 활활 타오르는 불창을 던졌다. 그와 동시에 크리스천은 손에 들고 있던 방패로 재빨리 막아 냈다.

하지만 아볼루온은 하늘에서 떨어지는 우박처럼 불창을 쏟아부었다. 크리스천은 불창을 막으려 안간힘을 썼지만 끝내 머리와 팔과 다리에 상처를 입고 말았다. 크리스천의 호흡이 점점 가빠졌다.

"자, 이제 너는 끝이야! 배신자여!"

이 외침과 함께 아볼루온이 마지막 공격을 가해 왔다. 그때 크리스천은 하나님의 도우심으로 재빨리 검을 잡고 외쳤다.

"나의 대적이여, 기뻐하지 마라! 나는 엎드러질지라도 일어날 것이다! 미 7:8"

크리스천은 죽을힘을 다해 아볼루온의 몸 깊숙이 검을 찔러 넣었다.

"으아아아악!"

악마는 피를 흘리며 뒤로 나자빠졌다. 그러고는 날개를 펴고 도망쳐 버렸다. 다시는 악마가 나타나지 않았다. 약 4:7

크리스천은 환한 미소를 지으며 하늘을 향해 고개를 들었다.

"사자의 입에서 나를 구해 내시고 아볼루온을 무찌르

게 도와주신 하나님께 감사를 드립니다."

그는 감사의 찬양을 올려 드렸다. 그때 생명나무 잎사귀를 든 손이 그 앞에 나타났다. 크리스천이 잎사귀를 받아 상처에 바르자 즉시 아물었다. 그는 아름다움의 집에서 받은 빵과 주스를 먹고 힘을 냈다.


### 아주 위험한 사망의 음침한 골짜기

기운을 얻은 크리스천은 다시 출발했고, 곧 **사망의 음침한 골짜기**에 이르렀다. 천국으로 가는 길이 그 한가운데에 있기 때문에 골짜기를 피해 갈 수는 없었다. 골짜기 입구에서 크리스천은 두 남자를 만났다. 그들은 서둘러 돌아가고 있었다.

"어디를 그리 급히 가십니까?"

크리스천이 물었다.

"저, 저곳에 끔찍한 것이 있소이다. 칠흑같이 컴컴한 골짜기에 악마와 괴수, 그리고 구덩이 속에는 용까지 있지 뭐요. 골짜기에서 고문당하는 사람들의 비명이 끝없이 들리는데, 얼마나 소름이 끼치는지 몰라요. 그러니 당신도 우리와 함께 돌아갑시다."

"아닙니다. 겁은 나지만 천국으로 가는 길은 여기뿐이지 않습니까? 나는 돌아가지 않겠습니다."

두 남자는 고개를 가로저었다.

"지금 제정신이오? 목숨이 왔다갔다하는데 천국이라니! 맘대로 하시오!"

그들은 서둘러 돌아갔고, 크리스천은 앞으로 계속 걸어갔다. 갑작스런 공격에 대비해 손에서 검을 놓지 않았다. 이미 아볼루온을 이겨본지라 그리 두렵지는 않았다.

얼마쯤 가니, 골짜기가 시작되는 곳부터 끝까지 오른쪽으로 깊은 물길이 나 있었다. 왼쪽으로는 매우 위험해 보이는 수렁이 있었다. 한때 다윗왕도 이 수렁에 빠진 적이 있었다. 강한 분이 건져 주지 않았다면 그는 숨이 막혀 죽었을 것이다.시 69:14

아주 좁은 길이어서 크리스천은 더욱 조심히 걸었다. 자칫 한쪽으로 쏠리면 물길이나 수렁으로 떨어질 수 있었다. 크리스천이 아슬아슬하게 걸어가는 내내 신음소리가 들려왔다. 너무 깜깜해서 발을 어디에 내디뎌야 할지 알 수 없을 때도 있었다. 계곡 중간 즈음 이르렀을 때, 길 오른편으로 지옥으로 들어가는 입구가 보였다.

지옥의 입구에서 시뻘건 불꽃이 튀고, 무시무시한 굉음을 동반한 화염과 검은 연기가 마구 뿜어져 나왔다. 크리스천은 검을 검집에 꽂고 나서 '모든 기도'라는 또 다른 무기를 꺼냈다.<sup>엡 6:18</sup> 곧이어 크리스천은 목이 터져라 부르짖었다. "여호와여! 주께 구하오니 내 영혼을 건지소서!<sup>시 116:4</sup>"

크리스천은 계속해서 기도했지만 불길이 여전히 그를 향해 날아들었다. 무시무시한 광경과 소

름 끼치는 소리는 몇 킬로미터 내내 계속되었다. 어느 순간, 악마의 군대가 몰려오는 듯 "쿵쿵쿵쿵" 요란한 발소리가 들려왔다.

　크리스천은 주춤했다. 다시 돌아갈까 하는 생각도 들었지만, 어쩌면 이미 골짜기를 거의 통과했을지도 모른다는 생각도 들었다. 그래서 크리스천은 계속 앞으로 나아갔다. "쿵쿵쿵쿵" 발소리가 더 가까이 들리는 것만 같아 불안했다. 뒤에서 악마가 당장 뒷덜미를 잡아챌 것만 같았다. 크리스천은 크게 외쳤다. "여호와 하나님의 능력으로 걸어가리라!" 그러자 놈들은 주춤거리며 저만치 떨어지기도 했다.

　사망의 음침한 골짜기에서 크리스천을 가장 힘들게 한 건 자신이 하나님을 모욕하는 말들을 한다는 생각이었다. 악마가 그의 뒤에 몰래 다가와 그런 말을 한 것이지만, 크리스천은 너무 지쳐서 분별하지 못했다.

　"하나님이 너를 사랑하신다면 왜 이렇게 힘든 곳에 혼자 놔두는 거야?"

　"너는 버림받았어. 하나님은 너를 사랑하지 않아."

　"하나님은 없어. 다 지어낸 이야기야."

죄책감과 비참한 마음이 들어 괴로워하던 때 크리스천은 누군가가 외치는 목소리를 들었다.

"내가 사망의 음침한 골짜기로 다닐지라도 해를 두려워하지 않을 것은 주께서 나와 함께하심이라!<sup>시 23:4</sup>"

크리스천의 두 눈이 휘둥그레졌다. 성경 말씀을 들으니 힘이 솟아나는 것 같았다. 이곳에 혼자 있는 줄 알았는데 같은 길을 걷는 순례자가 또 있다니!

"하나님은 나를 혼자 버려두지 않으셔. 내가 못볼 뿐 하나님은 지금도 나와 함께 계신다!<sup>욥 9:11</sup>"

크리스천의 눈에 눈물이 글썽거렸다. 부지런히 걸으면 곧 길동무를 만날 수 있을 것 같아 크리스천은 쉬지 않고 앞으로 나아갔다.

서서히 아침이 밝아왔다. 사망의 음침한 골짜기를 빠져나온 크리스천은 뒤를 돌아보며 걸어온 길을 확인했다. 길을 사이에 두고 양편에 있는 깊은 도랑과 수렁이 훤히 보였다. 크리스천은 자기가 걸어온 길이 얼마나 좁은지도 알게 되었다.

'이 좁고도 위험한 길을 무사히 통과할 수 있었던 것은 하나님이 도우셨기 때문이야.'

크리스천은 하나님의 도우심으로 큰 위험에서 벗어났다는 사실이 감격스러웠다. 앞으로 크리스천은 훨씬 더 위험한 길을 만날지도 모른다. 햇볕이 크리스천을 따뜻하게 비춰 주었다. 그는 조용히 읊조렸다.

"그의 등불이 내 머리에 비치었고 내가 그의 빛을 힘입어 암흑에서도 걸어 다녔느니라. 욥 29:3"

앞으로 어떤 어려움이 기다린다 해도 포기하지 않고 걸어가리라 크리스천은 다짐했다. 그리고 힘껏 찬양을 불렀다. 어려움을 이기고 나니 한층 더 강해지고 성장한 것 같았다.

이 위험에서 벗어나 무사하다니
나를 구해 주신 손이여,
찬송을 받으시기에 마땅하도다.
이 골짜기를 지나는 동안 나를 에워싼
위험, 악마와 지옥, 죄, 덫과 구덩이와 함정
나는 죽을 뻔했으나 이렇게 살아났으니
예수님께 면류관을 씌워 드리세.

## 5장
# 든든한 벗, 신실을 만나다

길위

 광야 길을 걷던 크리스천은 조그마한 언덕에 이르러 땀을 닦았다. 그런데 저 앞에 부지런히 걸어가고 있는 **신실**이 보였다.
 "이보게, 친구! 잠깐 멈춰 봐. 나랑 같이 가자구!"
 크리스천이 큰 소리로 외치며 신실에게로 달려갔다.
 둘은 서로 겪은 일을 이야기하며 사이좋게 길을 걸었다.
 "신실, 여기까지 오는 길에 무슨 일을 겪었는지 이야기해 줄 수 있어? 네 이야기를 듣고 싶어."

"나는 네가 절망의 늪에 빠져서 고생했다는 소문을 들은 덕에 늪에 빠지지 않고 무사히 좁은 문에 도착했어. 그런데 **음녀**라는 여자를 만나 고생했지. 그녀는 온갖 부귀영화를 줄 테니 자기랑 같이 살자고 끈질기게 유혹했어. 그러나 단호하게 유혹을 물리쳤지."

"다른 공격은 없었어?"

"고난의 산 아래에서 **첫 번째 아담**이라는 노인을 만났어. 그 노인은 **유혹**이라는 마을에 산다고 했어. 그는 자기 집에는 온갖 아름다운 것이 가득하니 자기 딸과 결혼하여 평생 행복하게 살라고 했지. 노인에겐 세 딸이 있는데, **육신의 정욕**, **안목의 정욕**, **이생의 자랑**이야. 솔직히 솔깃한 제안이었어. 그런데 그 노인이 나를 속여 노예로 팔아 버릴 것 같다는 생각이 퍼뜩 들어서 도망을 쳤지. 그런데 산을 반쯤 올라왔을 때 쉼터에서 어떤 사람이 나를 쫓아오더니 무지막지하게 패지 뭐야."

"내가 두루마리를 잃어버렸던 그 쉼터 말이군."

"그는 어찌나 힘이 센지 나는 꼼짝도 못하고 맞기만 했어. 그는 첫 번째 아담의 유혹에 넘어갈 뻔했다면서 맞아도 싸다고 했지. 그런데 어떤 사람이 와서 그를 말렸어."

"너를 때린 사람은 **모세**였어. 그는 율법을 어긴 사람에게 절대 자비를 베풀지 않지. 그나저나 말린 사람은 누구였어?"

"처음엔 누군지 몰랐어. 그런데 손과 옆구리에 구멍이 나 있는 걸 보고 예수님이심을 알았지. 예수님 덕분에 나는 다시 산을 오를 수 있었어."

"산꼭대기에 있는 아름다움의 집에 가봤어?"

"아니, 대낮이어서 그 집에 머물지는 않았어. 문지기를 지나쳐 산을 내려왔지. 겸손의 골짜기에서 **수치**란 자를 만났는데, 순례길에서 그렇게 뻔뻔한 자는 처음 봤어. 하나님을 믿는 사람이 불쌍하다나 뭐라나. 자연과학을 모르는 무식한 사람이라고 폄하하더라고. 그는 하나님 말씀에 따라 사는 신앙인이 어리석다고 했어. 하나님은 진정한 신앙과 민감한 양심을 귀히 여기시는데도 그는 무시하며 자기논리를 펼쳤지. 더 이상 상대하기 싫어서 가라고 호통을 쳤는데도 그는 신앙인은 바보 같다며 계속 나를 따라오는 거야. 그래서 당신이 경멸하는 것들이 내겐 가장 영광스러운 것들이라고 단호하게 맞섰지. 그랬

더니 가버리더라고."

두 사람은 순례길에서 만난 사람들 이야기를 하며 길을 걸었다. 그때 신실이 고개를 돌리다가 **수다쟁이**라는 사람이 뒤에서 걸어오는 걸 보았다. 신실이 수다쟁이에게 가서 말을 걸었다. 둘은 하나님에 대해 이야기를 나누었는데, 수다쟁이는 하나님도, 성경도 아주 잘 알고 있는 것 같았다. 신실은 수다쟁이가 아주 맘에 들었다.

신실은 앞에서 걷고 있던 크리스천에게 다가가 속삭였다.

"수다쟁이는 정말 대단한 분인 것 같아."

"아직 저 사람에 대해 잘 모르는 모양이군. 수다쟁이는 말만 번지르르하게 하고 행동은 전혀 하지 않는 사람이야. 그는 얼마나 말을 잘하는지 술집에서 취객과도, 길에서 순례자와도 토론할 수 있을 정도지. 그럴 듯한 말로 사람을 홀리지만 저 사람의 마음속에는 신앙심이 없어."

"신실한 사람 같아 보이는데?"

"저 사람은 밖에서는 성자처럼 말하지만 집에서는 악마와 같아. 지독한 구두쇠에 욕쟁이고 가족에게도 함부로 대해서 그를 아는 사람들은 모두 치를 떨며 싫어해."

신실은 고개를 돌려 뒤를 흘끔 돌아다보았다. 수다쟁이는 얼굴을 빳빳이 세우고 뒤에서 따라왔다.

크리스천이 신실에게 속삭였다.

"행하지 않는 믿음은 헛되지.약 2:14 시체와 다름없어. 신앙의 정신은 바로 행함이라는 걸 잊어서는 안돼. 수다쟁이는 입으로 좋은 말씀만 되뇌면 좋은 그리스도인이 되는 줄 알고 있어. 그렇게 자기를 속이는 거지. 말씀을 듣는 건 씨앗을 뿌리는 것과 같아. 마음과 삶에 실제로 열매를 맺고 있느냐가 중요하지. 마지막날에 사람은 열매로 심판을 받는다는 걸 잊지 말아야 해."

고개를 끄덕이던 신실은 수다쟁이에게 다가갔다.

"수다쟁이님, 하나님의 은혜를 경험해 보셨나요? 은혜는 나뿐 아니라 주변 사람에게도 흘러가게 마련이지요. 은혜를 경험하면 그리스도인으로서 거룩한 삶을 살게 됩니다. 마음이 거룩해지고, 가정과 세상 속에서도 본받을 만한 말과 행동을 하게 됩니다. 죄를 멀리하며, 좋은 일들을 많이 하게 되지요. 당신도 그러한 삶을 사십니까?"

수다쟁이의 얼굴이 빨개졌다.

"당신이 무슨 권리로 나에게 그런 말을 합니까? 그러한 삶을 사냐고? 나에게 훈계를 하다니 기분이 몹시 나쁘군요. 더 이상 같이 못 가겠소."

수다쟁이는 총총걸음으로 지나가 버렸다.

신실이 크리스천에게 다가가 말했다.

"네 말이 맞았어. 그는 말로만 떠드는 사람에 불과해."

크리스천은 고개를 끄덕이며 신실의 말에 덧붙였다.

"저런 자들이 경건한 무리 속에 섞이는 바람에 세상이 기독교를 오해하고 있는 거야. 모든 사람이 너처럼 이런 문제를 확실히 다루면 얼마나 좋을까. 말로만 신앙생활을 하는 사람들을 경계해야 해."

두 사람은 즐겁게 이야기를 하며 거친 광야 길을 걸었다.

6장

# 헛됨시장에서 만난 큰 위험

광야를 거의 지나왔을 때 신실은 뒤에서 낯익은 사람이 뒤따라오는 걸 보았다.

"어? 저 사람은 전도자 님 아니야?"

신실의 말에 크리스천도 뒤를 돌아보았다.

"맞아, 나에게 좁은 문으로 가라고 안내해 주신 분이지. 전도자 님!"

크리스천과 신실은 전도자를 포옹하며 반갑게 맞았다.

"정말 기쁩니다. 여러분이 많은 어려움을 이겨 내고 여기까지 와서 얼마나 다행인지 몰라요. 여러분이 끝까지 이 길을 간다면 천국에 가서 면류관을 얻게 될 거예요. 그러나 조심하지 않으면 면류관을 빼앗길 수도 있습니다. 여러분은 아직 마귀의 사정권 안에 있어요. 늘 천국에 시선을 고정하세요. 마음을 살펴서 세상 유혹을 이겨 내세요. 하나님이 여러분과 함께하십니다."

크리스천은 전도자에게 남은 여정에 도움이 될 만한 이야기들을 더 들려달라고 부탁했다.

"천국에 들어가려면 많은 어려움을 겪어야 해요. 이미 고난을 많이 당했지만 앞으로도 그럴 거예요. 마음을 굳게 하세요. 이 광야를 벗어나면 어느 마을을 지나게 될 텐데 그 마을에서 큰 어려움을 당할 거예요. 그러나 죽기까지 충성하면 왕께서 생명의 면류관을 주실 겁니다.계 2:10 용기있게 행동하세요. 하나님을 의지하고 끝까지 선을 행하세요."

두 사람은 마음을 굳게 다잡고 다시 걸음을 옮겼다. 전도자의 말대로 광야를 벗어나자 **헛됨**이라는 마을이 나왔다. **헛됨시장**에서는 날마다 장이 열렸다.

마을 입구에 들어서자 신나는 음악이 흐르고, 호객행

위하는 상인, 물건을 사는 사람들로 시장 안이 시끌벅적했다.

"구경하세요! 무엇이든 원하는 것은 다 있습니다. 마음에 드는 것을 골라 보세요!"

이 시장은 오천 년 전부터 있었다고 한다. 순례자들이 이 마을을 지난다는 사실을 안 바알세불과 아볼루온, 마귀 군대가 이곳에 온갖 헛된 물건을 파는 시장을 연 것이다. 최신 스마트폰이나 게임기 같은 물건뿐 아니라 아파트, 땅, 명예, 쾌락, 남자친구, 여자친구, 좋은 성적, 보석 같은 것까지도 살 수 있다고 한다.

예수님도 이곳을 지나 천국으로 가셨다. 예수님은 바알세불의 갖은 유혹에도 동전 한 푼 쓰지 않고 마을을 떠나셨다.

신실과 크리스천은 물건에 눈길도 주지 않고 지나가려 했다.시 119:37 시장 안 모든 사람의 시선이 이 둘에게 고정됐다.

"두 분, 여기 좋은 물건 있습니다. 보고 가십시오."

상인이 그들을 불렀다.

"우리는 진리를 사고 싶습니다. 잠 23:23"

이 말에 상인의 얼굴이 벌게지면서 펄쩍펄쩍 뛰었다.

"여기 이 사람이 모욕적인 말을 했어요. 진리를 사다니! 진리를 팔라니!"

여기저기서 욕이 터져 나오고 당장 죽이자는 목소리도 들렸다. 시장은 아수라장이 되었다. 결국 시장 관리자가 둘을 심문자에게 끌고 갔다.

"당신들은 어디서 와서 어디로 가며, 왜 그런 이상한 옷차림을 하고 있는 게요?"

심문장이 물었다.

"우리는 순례자이며 천국으로 가는 중입니다. 우리는 상인에게 진리를 사겠다고 말했을 뿐 아무 잘못이 없으니 놓아 주십시오."

두 사람이 상인들의 심기를 건드렸던 진짜 이유는 따로 있었다. 그들이 상인들의 상품을 하찮게 여겨 눈길조차 주지 않았기 때문에 그들이 화가 난 것이다. 심문자는 두 사람을 마구 때린 후 철창 안에 가둬 구경거리가 되게 했다. 두 사람은 한동안 산혀 사람들의 분노와 욕을 받았다. 그러나 두 사람은 오히려 그들에게 복을 빌어 주며 모욕을 참아 냈다. 행 7:55-60

두 사람의 모습에 감동을 받은 사람들이 생기게 되었고, 이들의 편을 들기 시작했다. 양쪽에서 거친 말싸움과 주먹질이 오가면서 두 사람은 다시 죽도록 두들겨 맞고 쇠사슬에 묶였다. 두 사람을 옹호하면 이 꼴이 된다는 본보기로서 여기저기 끌려다녔다. 하지만 그들은 조롱을 끝까지 담담하게 받아 냈다.

　드디어 재판날, 고발장에는 이렇게 써 있었다.

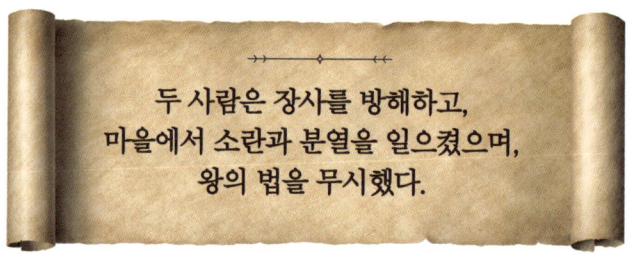

두 사람은 장사를 방해하고,
마을에서 소란과 분열을 일으켰으며,
왕의 법을 무시했다.

　재판장은 죄수의 잘못을 증언할 증인들을 불렀다. **질투**, **미신**, **아첨쟁이**가 증인으로 나섰다.

　질투가 말했다.

　"신실은 우리의 법과 관습을 무시하고 '믿음과 경건의 원칙'이라는 반역 사상으로 사람들을 현혹시켰습니다."

　다음으로 미신이 나섰다.

"이들은 우리 신앙이 쓸모없어서 하나님을 기쁘시게 못한다고 했습니다. 우리가 헛된 예배를 드리고 있으며, 죄 가운데 있으니 결국 망한다고 했습니다."

다음으로 아첨쟁이가 나왔다.

"이들은 고귀한 바알세불 님을 욕하고 **육신의 쾌락**, **사치**, **허영**, **음란**, **탐욕** 경을 비롯한 우리 귀족에 대해 함부로 이야기했습니다. 심지어 재판장님도 악당이라 불렀습니다."

재판장은 이들을 노려보며 이를 갈았다. 신실이 힘겹게 입을 뗐다.

"제가 몇 말씀 드리겠습니다. 질투 씨의 말에 대해 답변하자면, 저는 하나님의 말씀에 어긋난 규율이나 관습에 대해 기독교 신앙에 반대된다고 말했을 뿐입니다. 둘째, 미신 씨가 한 말에 대해 답변하자면, 저는 하나님을 예배하려면 진정한 믿음이 있어야 한다고 했을 뿐입니다. 셋째, 아첨쟁이 씨가 한 말에 대해 답변하자면, 저는 상스러운 말을 한 적이 없습니다. 다만 아첨쟁이 씨가 나열한 사람들이 지옥에 더 어울린다고 했을 뿐입니다."

신실의 말이 끝나자 재판장은 배심원들의 의견을 물

었다. 배심원들은 앞으로 나왔는데, 그들의 이름은 **맹목**, **불량**, **악의**, **호색**, **방탕**, **무모**, **거만**, **증오**, **거짓말쟁이**, **잔인**, **빛 혐오**, **완고**였다. 이들은 만장일치로 유죄를 주장했다.

"저들은 이 땅에서 사라져야 합니다!"

"도저히 참을 수 없으니 당장 처형시키십시오!"

곧바로 신실의 사형 집행이 시작됐고, 크리스천은 다음날 사형을 집행하기로 의결했다.

그들은 신실에게 지독한 채찍질과 매질을 한 후 화형을 시키고 말았다. 그렇게 신실은 죽음을 맞았다. 신실이 처형되자마자 하늘에서 마차가 내려와 신실을 태우고 나팔소리가 울려퍼지는 천국 문으로 날아올라갔다. 신실은 가장 빠른 길로 천국에 올라갔다.

한편 크리스천은 감옥으로 돌아왔다. 친구인 신실이 처형되자 마음이 아파 하염없이 눈물을 흘렸다. 신실은 죽음으로 진리를 증명했다. 크리스천은 내일 처형당한다 해도 믿음을 지키고 마음을 굳건히 하기로 다짐했다.

그런데 뜻밖에도 마을에 소동이 일어나 어수선해졌다.

"크리스천 님, 어서 나오세요."

**소망**이라는 사람이 소동을 틈타 크리스천을 감옥에서 꺼내 주었고, 두 사람은 헛됨시장을 빠져나왔다. 소망은 시장에서 신실과 크리스천이 보여 준 행동과 말에 감동을 받았다고 했다. 그리고 머지않아 더 많은 사람들이 순례길에 나설 거라고 했다. 하나님이 계획하신 일이었다.

소망은 크리스천과 의형제를 맺은 뒤 천국까지 같이 가기로 했다.

 7장

# 절망의 거인과
# 의심의 성

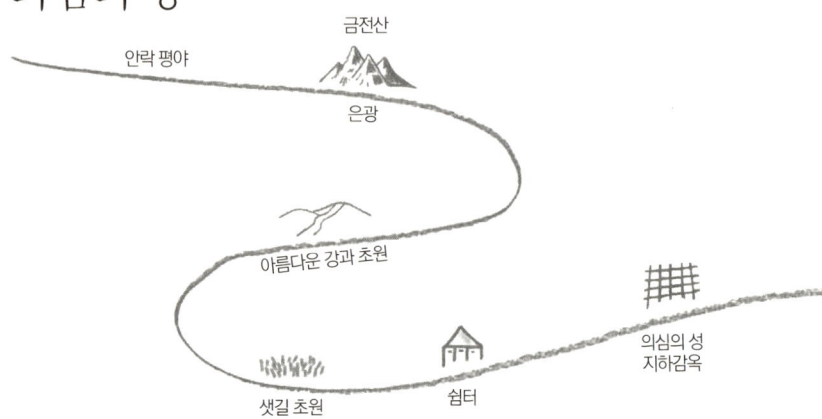

## 사심을 만나다

헛됨시장에서 나오자마자 두 사람은 어떤 사람을 만났다. 그는 **감언이설**잠 26:25이란 마을에서 나와 천국을 향해 가고 있다고 말했다. 그러면서도 자신의 이름을 알려 주기를 꺼려 했다.

"우리 마을 사람들은 모두 예의 바르고, 신앙도 좋습니다. 그러면서도 시류에 역행하지 않아요. 우리는 세상의 환호를 받을 때만 열심히 신앙생활을 한답니다."

"아무래도 사심이란 사람 같군. 천하의 악질이지."

크리스천이 소망에게 속삭였다. 크리스천은 그에게 다가가 말을 걸었다.

"당신은 혹시 사심 씨 아닙니까?"

그는 흠칫 놀라며 "흠흠" 하고 헛기침을 했다.

"글쎄요. 그렇게 생각한다면 어쩔 수 없지요. 뭐 하지만 당신들이 나를 길동무로 받아 준다면 심심하진 않을 겁니다."

크리스천이 사심에게 말했다.

"우리와 함께 가려면 시류에 역행해야 합니다. 세상의 칭송을 받을 때뿐만 아니라 손가락질 받고 감옥에 갇힐 때에도 믿음을 지켜야 하는데, 그렇게 하시겠습니까?"

"홍. 무슨 그런 궤변이 있습니까? 내 오랜 원칙을 버릴 수는 없어요. 가다 보면 마음에 맞는 길동무를 만나겠지요."

사심은 화가 난 듯 크리스천과 소망을 먼저 보냈다. 그러더니 뒤에서 오던 **세상 집착**, **돈 사랑**, **구두쇠**를 만나 서로 반갑게 인사하며 길을 걸었다.

돈 사랑이 사심에게 물었다.

"왜 저 앞에 있는 사람들과 같이 가지 않았나?"

사심은 말했다.

"저들은 꽉 막혔어. 저들은 하나님을 위해 모든 위험을 감내해야 한다고 말하더군. 세상 모두가 손가락질해도 믿음을 지키겠다고 말이야. 나는 안전하고 편안한 환경에서 신앙생활하는 게 맞다고 생각하네."

세상 집착이 맞장구쳤다.

"자네 말이 맞네. 우리는 지혜롭게 살자구. 나는 하나님이 주시는 복만 받으며 신앙생활을 하고 싶네. 하나님이 부자가 되도록 좋은 것들을 주셨는데 왜 마다하겠는가? 아브라함과 솔로몬도 믿음 덕분에 부자가 되었잖은가."

돈 사랑이 말했다.

"만일 어떤 상인이 사업이 잘되었으면 하는 마음에서 신앙생활을 했다고 해보세. 교회에 다녔더니 더 많은 손님이 오는 거야. 장사가 무척이나 잘되었지. 그 상인은 부자가 되려고 신앙생활을 시작했지만, 잘못은 아니지. 부자는 물론 신앙인까지 되었으니 말이야."

모두 돈 사랑의 말에 박수를 쳤다. 누구도 반박할 수 없다고 확신한 그들은 크리스천과 소망을 불러 세웠다. 그리고 자기들의 말을 어떻게 생각하는지 물었다.

크리스천이 한심하다는 듯 혀를 찼다.

"쯧쯧쯧. 신앙을 세상 욕망을 얻기 위한 수단으로 삼는 게 얼마나 악한 일인지 모르십니까? 바리새인도, 가룟 유다도 이런 식으로 신앙을 이용하다 망했습니다.눅 20:46-47; 마 27:2-10 마술사 시몬도 돈벌이에 신앙을 이용하려다가 베드로에게 호된 꾸지람만 들었습니다.행 8:18-23 세상 욕망을 위해 믿음을 추구하는 자는 믿음을 저버리게 될 것입니다."

크리스천의 호통에 모두들 멀뚱멀뚱 쳐다보기만 할 뿐 아무 말도 못했다.

### 데마의 유혹

사심 일행을 앞질러 가던 크리스천과 소망은 **안락 평야**에 이르렀다. 평야 끝에는 **금전**이라는 작은 산이 있었는데 거기에 은광이 있어 많은 사람들이 그곳으로 몰려들곤 했다.

**데마**가 은광 앞에 서서 크리스천과 소망을 유혹했다.

"이 은광에서는 굴을 조금만 파기만 해도 은이 쏟아져 나옵니다. 누구나 부자가 될 수 있습니다!"

소망이 물었다.

"형님, 잠시 보고 오는 게 어때요?"

크리스천이 대답했다.

"아니. 이곳에 관해 들은 적이 있어. 많은 사람이 목숨을 잃었다고 하더군. 게다가 보물은 순례길에 방해가 될 뿐이야."

데마는 큰 소리로 외쳤다.

"이곳은 절대 위험하지 않아요. 우리 은광에 들러주면 저도 여러분과 동행할게요."

크리스천은 데마를 향해 쏘아붙였다.

"당신은 옳은 길로 가지 못하게 훼방하는 적이오. 당신이 얼마나 사악한 일을 하는지 아시오?"

크리스천은 소망과 함께 다시 길을 걸어갔다. 그런데 사심 일행은 어떻게 되었을까? 예상대로 그들은 데마의 유혹에 단번에 넘어가고 말았다. 그 후 다시는 그들을 볼 수 없었다.

크리스천과 소망은 길가에 서 있는 소금기둥을 발견했다. 그 아래에는 '롯의 아내를 기억하라'고 적혀 있었다. 멸망하는 소돔에서 탈출하던 롯의 아내가 재물에 미련이 남아 뒤를 돌아봤다가 소금기둥으로 변해 버린 것이다.창 19:26

소망이 얼굴을 붉히며 고백했다.

"잠시 흔들렸던 제가 부끄럽네요. 롯의 아내처럼 뒤를 돌아보지는 않았지만 돌아보고 싶은 생각을 품었으니 말이지요. 하나님의 은혜로 무사할 수 있었습니다."

### 비슷하지만 잘못된 길

두 사람은 부지런히 걸어 **아름다운 강**에 도착했다. 다윗왕이 '하나님의 강'이라 부르고 요한이 '생명수의 강'이라 부른 강이었다.시 65:9; 계 22:1-2; 겔 47:1-12

강 양편에는 푸르른 나무가 줄지어 서 있었고, 아름다

운 백합들이 만발한 초원도 있었다. 두 사람은 강둑을 따라 걷다 목이 마르면 물을 마시고 맛있는 열매도 따먹었다. 피곤하면 잠을 자기도 했다.

순례자들을 위해 펼쳐진 이 맑고 투명한 강
푸르른 초장은 향기를 발하고
달콤한 과일을 선물하는도다

두 사람은 든든히 먹고 마신 뒤 다시 길을 떠났다. 강과 나란히 이어지던 길은 얼마 가지 않아 간격이 벌어지기 시작했다. 강에서 멀어질수록 길이 험해서 두 사람은 발이 무척 아팠다. 그들은 편평한 길이 나타나길 바라며 계속 걸어갔다. 조금 더 걸어가자 길 왼쪽으로 초원이 나타났고, 그쪽으로 넘어가는 계단이 보였다. 초원의 이름은 **샛길 초원**이었다.

크리스천이 계단 쪽을 살피며 말했다.

"초원이 길과 같은 방향에 있으면 저쪽으로 넘어가는 게 어떨까?"

소망은 염려스런 목소리로 대답했다.

"그런데 우리가 가는 길과 다른 방향이면 어떡하죠?"

크리스천이 길을 살피며 말했다.

"내가 보기엔 그럴 것 같지 않아. 잘 봐봐. 지금 걷는 길과 나란히 가고 있지 않아?"

둘은 계단으로 넘어가 샛길 초원으로 난 길을 걸었다. 발이 훨씬 편했다. 그때 그들 앞에 한 사람이 보였는데 그의 이름은 **과신**이었다. 둘은 과신을 불러 이 길이 어디로 이어지는지 물었다.

"천성 문이요."

과신은 급히 대답을 하고는 어둠 속으로 걸어갔다. 그런데 과신은 성큼성큼 걷다가 그만 구덩이에 빠져버리고 말았다.

그 구덩이는 그곳의 왕이 자신을 과신하는 바보들을 잡기 위해 파 놓은 함정이었다. 함정에 빠진 과신은 치명적인 부상을 당하고 말았다.

갑자기 "우르르쾅쾅" 하는 천둥소리와 함께 번개가 치면서 장대비가 쏟아졌다. 그 바람에 강물이 순식간에 불어났다. 크리스천과 소망은 벌벌 떨었다.

소망이 중얼거렸다.

"아, 원래 길로 갔어야 했는데……."

크리스천이 미안해했다.

"미안해. 잘못된 길인 줄 몰랐어."

"아니에요, 형님. 일부러 그러신 게 아니잖아요. 우리 돌아가요."

불어나는 강물 때문에 돌아가는 길이 더없이 위험해졌다. 길에서 벗어나긴 쉽지만, 다시 돌아가기는 정말 어려웠다. 두 사람은 열댓 번이나 강물에 빠져 죽을 뻔했다. 결국 둘은 날이 밝을 때까지 작은 쉼터에서 기다리기로 했다. 그들은 너무 지쳐 잠이 들고 말았다.


### 절망의 거인에게 붙잡히다

한편 쉼터에서 멀지 않은 곳에 **절망의 거인**이 다스리는 **의심의 성**이 있었다. 쉼터는 그 거인의 소유였다.

이튿날 일찍 땅을 둘러보던 거인은 자고 있는 크리스천과 소망을 발견했다.

"내 땅에 멋대로 들어와 잠을 자다니. 가만두지 않겠다!"

거인은 무척 힘
이 세서 두 사람을
가볍게 끌고 갔다.
둘은 필사적으로 발
버둥쳤지만 거인의
손아귀에서 빠져나올
수 없었다. 거인은 둘
을 성으로 끌고 가 지하
감옥에 던져 버렸다.

　지하감옥에서 두 사람
은 빵도, 물도, 빛도 없이 삼 일 동안 갇혀 있었다. 컴컴
한 곳에서 두 사람은 벌벌 떨었다.<sup>시 88:18</sup>

　절망의 거인에게는 **자신없음**이라는 아내가 있었다. 밤
에 거인이 아내에게 물었다.

　"오늘 침입자 두 놈을 감옥에 처넣었어. 그들을 어떻게
처리하면 좋을까?"

　"흠. 실컷 두들겨 패 주는 게 좋겠어."

　거인은 아침에 일어나 아내 말대로 두 사람을 몸도 가
누지 못할 만큼 때렸다. 그날 밤 거인 부부는 두 사람에

관해 이야기했다.

"흠. 스스로 목숨을 끊게 협박해 봐."

아내가 말했다.

다음날 거인은 지하감옥으로 갔다. 거인을 보자마자 두 사람은 제발 내보내 달라고 애원했다.

"아니 아니. 절대 그럴 일은 없으니 차라리 독을 먹고 스스로 죽지 그래? 이렇게 괴로운데 살아서 무엇하겠어?"

거인이 당장 잡아 죽일 듯 달려들었다. 그때 갑자기 거인의 왼손에 발작이 일어나더니 마비되었다. 평소 거인은 햇볕이 내리쬐는 날이면 발작을 일으키곤 했던 터였다. 거인은 두 사람을 내버려 두고 나가 버렸다.

크리스천이 모기만한 소리로 웅얼거렸다.

"소망아, 어쩌면 좋을까. 거인의 말대로 죽는 게 나을지도 모르겠어."

소망이 크리스천의 손을 꼭 잡고 말했다.

"무슨 그런 나약한 말씀을 하세요. 그의 말대로 해선 절대 안 돼요. 거인에게 붙잡혀 온 사람들 중엔 탈출한 사람도 있을 거예요. 분명 빠져나갈 방법이 있을 거예요."

두 사람은 절망의 감옥에서 빠져나갈 기회가 오기를 기다렸다. 저녁이 되자 거인이 지하감옥으로 내려왔다.

"헉! 아직 살아있는 거야? 내일은 반드시 너희들을 지옥으로 보내 주겠어."

거인은 주먹을 불끈 쥐며 으르렁댔다. 크리스천은 두려움에 몸이 벌벌 떨렸다. 아무것도 먹지도 마시지도 못해 더욱 약해졌다.

소망은 벌벌 떠는 크리스천의 손을 꽉 잡았다.

"그 무서운 아볼루온도 형님을 무너뜨리지 못했어요. 사망의 음침한 골짜기도 무사히 건너왔구요. 그런데 왜 이렇게 두려워하세요? 형님보다 약한 저도 잘 버티잖아요. 우리 힘을 내 보아요."

그날 거인 부부는 잠자리에 누웠다. 아내가 그들이 어떻게 되었는지 묻자 거인이 대답했다.

"정말 지독한 놈들이야. 죽지 않고 버티더군."

"내일은 당신이 해치운 자들의 뼈와 해골을 보여 줘봐. 찢어 죽일 거라고 단단히 겁을 주란 말이야."

날이 밝자 거인은 두 사람을 성 안뜰로 끌고 가 처참한 현장을 보여 주었다.

"이놈들도 순례자들이었지. 너희도 곧 이러한 신세가 될 거야."

거인은 두 사람을 사정없이 팼다. 두 사람은 감옥 바닥을 기며 신음했다. 그날 저녁 두 사람은 기도를 시작했고, 그들의 간절한 기도는 동트기 전까지 계속되었다. 날이 밝아 올 즈음에 크리스천이 갑자기 흥분한 얼굴로 벌떡 일어섰다.

"나 같은 바보가 세상에 또 있을까. 내 품에 **약속**이라는 열쇠가 있었는데, 까맣게 잊고 있었지 뭐야. 이 열쇠는 어떤 문도 다 열 수 있어."

소망의 얼굴이 환해졌다.

"형님, 어서 문을 열어요. 어서요."

크리스천이 열쇠를 꺼내 감옥 문에 넣고 돌리자 간단히 자물쇠가 풀리고 문이 열렸다. 지하감옥을 빠져나온

그들은 성 안뜰로 이어진 바깥문에 다시 열쇠를 넣고 돌렸다. 이번에도 문이 쉽게 열렸다. 하지만 탈출하려고 철문을 열자 "끼이익" 하는 소리가 크게 났고, 그 바람에 거인이 잠에서 깨어났다.

"이 녀석들! 거기 서지 못할까!"

거인은 으르렁거리며 급히 뛰어나왔다. 하지만 막 떠오른 해가 거인을 비추자 사지가 마비된 거인은 더 이상 쫓아오지 못했다.

두 사람은 있는 힘을 다해 뛰었고, 가까스로 아름다운 강 쪽 길에 도착했다. 그 길은 거인의 영토 밖이었기 때문에 안전했다.

두 사람은 벌렁 누워서 가쁜 숨을 몰아쉬었다. 정말 죽을 뻔했다. 두 사람은 나중에 이곳을 지나가는 사람들이 절망의 거인에게 붙잡히지 않도록 해야겠다고 생각했다.

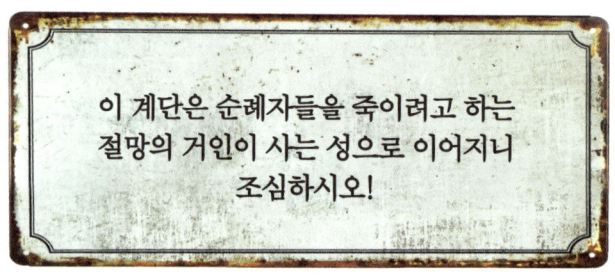

이 계단은 순례자들을 죽이려고 하는
절망의 거인이 사는 성으로 이어지니
조심하시오!

그들은 표지판을 만들어 단단히 세워 두었다. 두 사람은 노래를 부르며 다시 길을 걸었다.

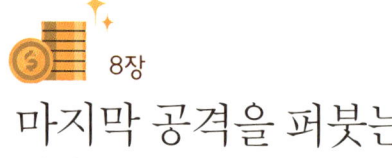

# 8장
# 마지막 공격을 퍼붓는 믿음 강도들

두 사람은 **기쁨의 산**에 도착했다. 산에는 양 떼를 지키는 **지식**, **경험**, **경계**, **성실**이란 목자들이 있었다. 네 목자는 크리스천과 소망에게 맛있는 음식을 대접하고 편히 쉴 수 있게 해 주었다.

다음날 아침 목자들은 이들을 **실족** 봉우리, **조심** 봉우리로 데려갔다. 네 목자는 순례길에서는 언제든 실족할 수 있으니 항상 조심하고 주의하라고 알려 주었다. 그리고 그들은 지옥으로 가는 샛길도 보여 주었다. 크리스천과 소망은 간담이 서늘해졌다. 마지막으로 네 목자는 둘을 **청명**이라는 산꼭대기로 데려가더니 망원경을 건넸다. 그들은 어렴풋하게나마 천국의 모습을 볼 수 있었다. 천국의 모습을 보니 가슴이 터질 듯 두근거렸다.

두 사람은 이제 떠날 준비를 했고, 네 목자는 지도를 건넸다. 네 목자는 두 사람에게 아첨꾼을 조심하고, 마법의 땅에서 잠들지 말라고 당부했다. 그들은 두 사람을 축복하며 작별인사를 했다.

### 자만 마을의 무지

두 사람은 천국으로 향하는 길을 따라 산을 내려갔다. 산 아래 왼쪽에 **자만**이라는 마을이 나타났다. 두 사람은 마침 마을 쪽에서 걸어오는 **무지**라는 청년을 만났다.

무지는 빙긋 웃으며 물었다.

"저는 천국으로 가는 길입니다. 두 분도 그렇습니까?"

크리스첸이 대답했다.

"반갑습니다. 하지만 마을에서 천국 문으로 들어갈 수

는 없을 텐데요. 천국 문 앞에서 출입증을 보여 줘야 들어갈 수 있거든요."

무지는 당당히 말했다.

"저는 나름대로 착하게 살아왔어요. 기도와 금식을 많이 하고, 헌금도 잘했지요. 천국에 가려고 고향까지 등지고 나왔으니 충분하지 않나요?"

크리스천은 걱정스런 표정으로 말했다.

"좁은 문으로 들어가야만 해요. 굽은 길을 통해 가면 강도로 취급받아 문전박대를 당한답니다."

무지가 대거리했다.

"좁은 문이 여기서 얼마나 먼 지 아세요? 우리 마을에서 천국 문까지 곧바로 이어지는 쾌적하고 푸르른 길이 있는데 왜 좁은 문으로 가야 하지요?"

난처해하던 소망이 크리스천에게 나지막이 속삭였다.

"무지 청년에게 잠시 생각할 수 있는 시간을 주는 게 좋겠어요. 일단 그냥 가도록 두지요."

그리하여 두 사람은 먼저 가고, 무지는 뒤에서 따라왔다.

크리스천은 소망에게 이 마을 근처에 살던 **작은 믿음**이라는 착한 사람 이야기를 들려주었다.

작은 믿음은 순례길을 가다 깜빡 잠이 들었다. 그때 넓은 문에서 강도 세 사람이 나타났다. **소심**, **불신**, **죄책감**이었다. 세 강도는 그를 위협하더니 주머니에서 은을 빼앗았다. 작은 믿음이 "도둑이야!" 하며 소리치자 강도들은 그를 몽둥이로 때려 기절시켜 놓고는 도망쳤다. 다행스럽게도 작은 믿음의 보물은 빼앗기지 않았다. 하지만 그는 여행 중에 만나는 사람들을 붙잡고 구걸하며 자기 신세를 한탄했다. 그럼에도 작은 믿음은 보물만은 팔지 않았다. 그 보물이 있어야 천국으로 들어갈 수 있기 때문이었다.

크리스천이 계속 말했다.

"작은 믿음은 연약했지만 마음은 천국을 향해 있었지. 우리도 강도를 만난다면 벌벌 떨지도 몰라. 강도들이 득시글거린다는 소문을 들으면 우리는 두 가지를 준비해야 해. 먼저 무장을 하고 방패를 챙긴 뒤 길을 나서야 해.엡6:16 둘째는 주님이 함께 계시고 지켜 주시기를 기도하는 거야. 사망의 음침한 골짜기를 지날 때 다윗이 기뻐할 수 있었던 이유가 여기에 있어. 하나님이 우리와 함께 하시면 엄청나게 강한 강도들이 공격해 와도 무섭지 않을 거야. 우리는 주님의 은혜와 선하심 때문에 이렇게 살아남았어. 그렇지?"

말을 마친 크리스천은 노래를 불렀다.

불쌍한 작은 믿음이여!
강도들을 만났는가?
돈을 빼앗겼는가? 명심하게나.
더 큰 믿음을 가지면 겨우 세 명이 아닌
만 명도 너끈히 이기는 용사가 되리라.

### 갈림길에서

둘은 한참을 걸었고, 무지 역시 뒤에서 따라왔다. 그런데 길이 두 갈래로 나뉘는 곳이 나타났다. 둘 다 바르고 곧아서 어디로 가야 할지 고민에 빠졌다.

그때 흰옷을 입은 한 남자가 다가왔다.

"거기 서서 뭘 하고 계십니까?"

소망이 대답했다.

"천국 문으로 가는 중인데 어디로 가야 할지 몰라서 망설이고 있습니다."

"따라오세요. 저도 거기로 가는 길이랍니다."

크리스천과 소망은 그 남자를 따라갔다. 그런데 길이 조금씩 구부러지더니 천국으로 향하는 방향에서 점점 멀어지고야 말았다.

얼마쯤 갔을까. 고함소리와 함께 그물이 두 사람을 덮쳤다.

"잡았다!"

그제야 둘은 속임수에 걸려들었다는 사실을 알았다.

크리스천이 큰 소리로 말했다.

"이럴 수가. 목자들이 **아첨꾼**을 조심하라고 경고했는데……. 잊고 있었어."

소망이 한숨을 지었다.

"우리에게는 지도도 있었잖아요. 아, 이제 어떡하지요?"

"너무 착해 보여서 그가 아첨꾼일 줄은 상상도 못했어.잠 29:5; 단 11:32"

둘이 눈물을 흘리며 후회하고 있을 때 빛나는 천사가 다가와 그물을 벗겨 주었다.

"그자는 천사로 변신한 거짓 사도입니다.고후 11:13-14 따라오세요. 원래 길로 데려다 주겠습니다."

천사는 왜 목자들이 준 지도를 보지 않았느냐며 둘을 야단쳤다. 그러곤 목자들의 경고를 항상 기억하며 길을 떠나라고 명했다. 두 사람은 천사의 가르침에 감사를 표했고, 다시 가벼운 발걸음으로 순례의 길을 떠났다.

얼마 지나지 않아 천국을 등지고 걸어오는 자가 보였다. 소망이 크리스천에게 말했다.

"저자도 아첨꾼일지 모르니 조심하는 게 좋겠어요."

크리스천이 고개를 끄덕였다.

그는 **무신론자**라고 했다. 크리스천과 소망이 천국으로 간다고 하자 그는 껄껄 웃으며 말했다.

"나도 천국을 20년이나 찾아 헤맸소. 그러나 천국은 없소.렘 17:15; 전 10:15 헛된 희망을 좇지 말고 나와 같이 갑시다."

이때 소망이 크리스천에게 속삭였다.

"천국이 없다고요? 말도 안 돼요. 우리는 기쁨의 산에서 천국 문을 보았잖아요."

"맞아. 나 역시 천국이 있다는 것을 의심하지 않아. 어서 가자."

크리스천과 소망은 앞으로 걸어갔다.


### 마법의 땅

두 사람은 어느 마을에 도착했다. 그곳 공기는 사람을 나른하고 졸리게 만들었다.

소망이 눈을 비비며 말했다.

"너무 졸려요. 형님, 우리 한숨 자고 갈까요?"

크리스천이 고개를 저었다.

"안 돼. 목자님들의 말을 잊었어? 마법의 땅에선 절대 잠들지 말라고 했잖아. 정신 차려!<sup>살전 5:6</sup>"

소망이 씨익 웃었다.

"헤헤, 역시 형님과 함께해서 좋아요."

크리스천이 제안했다.

"우리 잠에서 깨도록 이야기하면서 걸을까? 소망은 어떻게 순례의 길을 떠날 생각을 하게 되었어?"

"저는 헛됨시장에서 방탕하게 살았어요. 그러다가 신실 님을 만나게 되었지요. 신실 님 덕분에 죄의 마지막이 사망이고, 하나님의 진노가 불순종하는 사람들에게 내린다는 사실을 알게 되었어요.<sup>엡 5:6</sup> 신실 님은 예수님의 의를 얻지 못하면 구원받을 수 없다고 했어요. 예수님이 세상에서 행하신 일과 십자가에 달려 고난받으신 일을 믿으면 의로워질 수 있다고 했지요.<sup>히 10장; 롬 4장; 골 1장; 벧전 1장</sup> 그분을 믿으면 그분이 행하신 일과 그 일의 가치가 제 것이 된다고 말이에요. 신실 님은 이렇게 기도하라고 알려 주었어요.

'하나님, 이 죄인을 불쌍히 여기시고 예수 그리스도를 알고 또한 믿게 해 주십시오. 그리스도의 의가 아니면, 그리고 제가 그 의를 믿지 않는다면 저는 멸망할 수밖에 없습니다. 하나님, 주님의 아들 예수 그리스도가 제 영혼을 구하셔서 당신의 크신 은혜를 보게 해 주십시오.'

그 후에도 방황했지만 마침내 주님은 저를 만나 주셨어요. 저는 마음의 눈으로 예수님을 보았답니다. 저의 죄가 얼마나 큰지 깨닫고 슬픔에 휩싸였을 때 예수님이 오셔서 저를 받아 주신다고 말씀하셨어요. 저를 따뜻하게 안아 주셨지요. 저는 이제 예수님을 위해 살고 싶어요."

 9장

# 죽음의 강 건너 마침내 천국

크리스천과 소망은 마법의 땅에서 벗어나 **뿔라의 땅**에 들어섰다. 사 62:4 뿔라는 '신부'라는 뜻이다. 새들이 즐겁게 노래하고, 울긋불긋 꽃들이 만발하며, 한가운데로 쭉 뻗은 길은 걸어 다니기에 편하고 좋았다. 이곳에서는 목적지인 천국도 가까이 볼 수 있었다. 천국의 국경에 가까운 곳이라 빛나는 사람들도 종종 눈에 띄었다.

이 땅을 걸으며 두 사람은 기쁨으로 가슴이 벅차올랐다. 그들은 과수원지기의 안내로 포도원에 있는 맛있는 과일을 마음껏 따 먹었다.신 23:24 그리고 하나님이 아끼시는 산책로와 쉼터에서 푹 쉬었다.


### 죽음의 강을 건너다

천국 문 앞에는 매우 수심이 깊은 '**죽음의 강**'이 흐르고 있었다. 크리스천이 강을 바라보며 말했다.

"이 강을 건너야 천국 문에 도착할 수 있다고 했는데……."

크리스천과 소망은 심각한 표정으로 이리저리 둘러보았지만 강을 건너갈 다른 길은 보이지 않았다. 천국은 자신의 믿음으로 들어가는 곳이라, 누구도 도와줄 수 없었다. 게다가 강의 깊이는 하나님을 향한 믿음의 정도에 따라 깊을 수도, 얕을 수도 있었다.

둘은 용기를 내 강을 건너기 시작했다. 그러나 강물 속으로 들어가자마자 가라앉기 시작한 크리스천은 소망에게 다급히 외쳤다.

"소망아! 물이 목까지 차올랐어. 이러다 빠져 죽겠어!"

소망은 차분한 목소리로 말했다.

"힘을 내세요, 형님! 발이 바닥에 닿는 게 느껴져요. 바닥은 단단해요!"

소망의 말에 크리스천이 바닥으로 발을 뻗었다. 하지만 바닥은 닿지 않고 얼굴만 물속에 잠겨 허우적댔다.

"으악! 바닥이 닿지 않아! 나 죽을 것 같아!"

크리스천은 물을 많이 먹은데다 두려움에 휩싸여 정신이 혼미해졌다. 게다가 그동안 저지른 죄가 떠올라 몹시 괴로웠다. 마귀와 악령의 환영이 눈앞에 아른거려 그는 연신 비명을 질렀다.

소망은 크리스천에게 다가가 머리가 물속으로 가라앉지 않도록 안간힘을 썼다. 크리스천은 완전히 물속에 잠겼다가 올라오기를 반복했다. 그는 실신 직전이었다.

소망이 다급히 말했다.

"형님! 우리를 기다리는 사람들이 강 건너편에 서 있어요. 좀 더 힘을 내요!"

크리스천이 허우적대며 울부짖었다.

"소망이… 어푸… 너를 기다리는 거지……. 난 아니야……. 주님이 나를 버리신 게 틀림없어!… 어푸… 죄가 나를 괴롭히고 있어!"

소망이 큰 소리로 외쳤다.

"예수님이 형님을 온전하게 만드시는 거예요. 하나님의 은혜를 기억하며 죄를 회개하고 하나님을 의지하세요!"

그때였다. 갑자기 크리스천이 크게 외쳤다.

"예, 예수님이 보여! '네가 물 가운데로 지날 때에 내가 너와 함께할 것이다. 강을 건널 때에 물이 너를 침몰하지 못할 것이다'[사 43:2]라고 말씀하셨어!"

두 사람은 용기를 얻었고, 그때부터 방해하는 마귀는 두 사람이 강을 다 건널 때까지 꼼짝도 못했다. 이제 크리스천의 발도 바닥에 닿았고, 강은 계속 얕은 상태를 유지했다. 둘은 무사히 강을 건널 수 있었다. 드디어 긴 여정이 마침표를 찍게 되었다.

### 천국에 들어가다

두 사람이 땅으로 올라오자 빛나는 옷을 입고 얼굴에

서 광채가 나는 두 천사가 인사를 건넸다.

"우리는 여러분을 섬기기 위해 왔습니다."

그들은 함께 천국 문을 향해 걸어갔다. 천국은 구름보다 더 높은 곳에 있었지만, 천사들이 도와준 덕에 쉽게 오를 수 있었다. 또한 두 순례자에게는 썩을 육신의 옷이 없었다. 강에서 나올 때 벗고 나왔기 때문이다. 두 사람의 마음에는 평안과 기쁨이 가득했다.

천사들은 천국에 대해 말해 주었다.

"두 분은 지금 하나님의 낙원으로 가고 있습니다. 그곳에 가면 생명나무를 보고 영원히 시들지 않는 열매를 마음껏 드실 수 있습니다. 두 분을 위해 준비된 예복을 입고, 날마다 하나님과 함께 거닐며 이야기를 나누실 것입니다. 계 2:7, 3:4

두 사람이 물었다.

"거룩한 곳에서 우리는 무엇을 해야 합니까?"

"지금까지 한 모든 수고에 대해 위로를 받을 거예요. 모든 슬픔은 기쁨으로 변할 것이고요. 지금까지 왕을 위해 뿌린 모든 기도와 눈물, 고통의 열매를 거둘 것입니다. 갈 6:7-8 이후로 그 거룩한 땅으로 들어가면 모든 사람들이 두 분을 맞이할 겁니다. 먼저 그곳에 도착한 친구들도 만날 거구요."

천국 문이 가까워지자 많은 천국 시민들이 둘을 맞으러 밖으로 나왔다. 빛나는 천사가 큰 소리로 말했다.

"이분들은 세상에 있을 때 우리 주님을 사랑하고 주님을 위해 모든 것을 버렸습니다."

그들은 하늘이 떠나갈 듯 힘찬 함성과 박수를 보냈다. 그리고 왕의 나팔수들이 나와 연주를 하며 둘을 맞았다. 퍼레이드를 하듯 축제가 펼쳐졌다. 무엇보다 크리스천이 가장 기뻤던 것은, 영원히 이 사람들과 함께 살게 된다는 사실이었다. 드디어 천국 문 앞에 이르렀다. 문 위에는 황금색으로 쓰인 글씨가 있었다.

> 자기 두루마기를 빠는 자들은 복이 있으니 이는 그들이 생명나무에 나아가며 문들을 통하여 성에 들어갈 권세를 받으려 함이로다. 계 22:14

두 사람이 문을 두드리자 문 위에서 몇몇 사람들이 내려다보았다. 가만히 보니 에녹, 아브라함, 엘리야 등이었다. 크리스천과 소망은 놀라서 두 눈이 휘둥그레졌다.

빛나는 천사들이 그들에게 말했다.

"이 두 분은 하나님을 향한 불타는 사랑의 마음으로 멸망의 도시에서 여기까지 온 순례자들입니다."

두 사람은 순례를 시작할 때 받았던 증명서를 내밀었다. 그들은 그것을 하나님께 전해 드렸다.

하나님은 즉시 문을 열라고 명령하셨다.

"신의를 지키는 의로운 나라가 들어오게 할지어다. 사26:2"

두 사람이 천국 안으로 들어가는 순간 모습이 변하고 황금처럼 빛나는 옷이 입혀졌다. 또 어떤 이들은 수금과 면류관을 들고 와 두 사람에게 전해 주었다.

어디선가 종소리가 울려 퍼지더니 이런 말이 들려왔다.

"주님의 기쁨에 참여하라."

그러자 크리스천과 소망도 큰 소리로 온 힘을 다해 찬양을 부르기 시작했다.

"보좌에 앉으신 이와 어린양에게 찬송과 존귀와 영광과 권능을 세세토록 돌릴지어다. 계5:13-14"

황금으로 수놓은 길 위에서 머리에는 면류관을 쓰고 손에는 종려나무 가지를 들고 황금 수금의 연주에 맞춰 찬양하는 수많은 사람들! 그들 가운데 날개가 있는 이들도 있었는데, 그들은 쉼 없이 서로를 향해 "거룩하다, 거룩하다, 거룩하다, 만군의 여호와여!"라고 화답했다. 그리고 문이 닫혔다. 이들은 하나님과 함께 영원히 행복했다.

한편, 멸망의 도시에 있던 크리스천의 아내와 아이들은 어떻게 되었을까? 크리스천이 천국에 들어갔다는 소문이 삽시간에 퍼져 나가 크리스천의 가족에게까지 들렸다. 그러자 그들 역시 짐을 꾸려 크리스천처럼 순례의 길을 떠났다. 우리도 그들과 함께 떠나보자!

교회와 가정에서
풍성하게 나눌 수 있는

# 독서 지도안

다음은 《천로역정》을 읽고 이야기를 나누도록 도와주는 자료입니다. 모든 질문을 다 나누지 않아도 됩니다. 인도자가 보고 적합한 질문을 골라 주니어들과 나누세요.

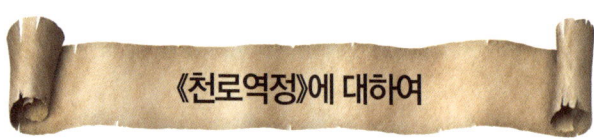

## 《천로역정》에 대하여

1) 《천로역정》은 어떤 책입니까?

   저자인 ............이 ............년에 출판하였고, 성경 다음으로 많이 ............책이다.

2) '천로역정' 天路歷程 이라는 뜻은 무엇입니까?

   ........................................................
   ........................................................

3) 저자가 비유 형식을 빌려 이 책을 쓴 이유는 무엇이라고 생각합니까?

   ........................................................
   ........................................................

# 1장
## 멸망의 도시를 떠나며

1. 크리스천은 책 한 권을 든 채 두려움과 괴로움에 사로잡혔어요. 그 이유는 무엇인가요?

   ..................................................................
   ..................................................................

2. 여러분이 만일 주인공인 크리스천이라면 어떤 짐을 지고 있을 것 같은지 써 보아요.

   (147p에 있는 짐 그림에 써 보세요)

3. 크리스천의 고민을 해결해 준 사람은 누구인가요? 그 해결책은 무엇인가요?

   ..................................................................
   ..................................................................

4. 고집과 변덕은 크리스천과 동행하지 못하고 집으로 돌아갔습니다. 그들이 떠난 이유를 써 보아요.

고집:

변덕:

5. 내가 수련회에 가거나 예배를 드리러 갈 때 방해하는 것들은 무엇입니까?



6. 다음 빈칸을 채우고, 마태복음 7장 13-14절을 찾아 함께 읽어 보아요.

"세속 현자는 율법과 도덕, 예의를 지켜 ............을 받으라고 합니다. 그 교리를 따르면 ............를 지지 않아도 되기 때문이에요. 어느 누구도 완벽하게 도덕이나 율법을 지킬 수 없지요. ............은 당신의 짐을 벗겨 줄 수 없어요. 하나님은 ............으로 들어가기를 힘쓰라고

하셨습니다. 생명으로 인도하는 문은 좁고 길이 비좁아 그것을 찾는 사람이 적습니다." 본문 32p

**2장**
# 좁은 문으로 가는 길

크리스천은 해석자의 안내로 몇 개의 방을 보게 됩니다. 1, 2의 빈 칸을 채우고, 3, 4에 대한 의견을 나누어 보아요.

1. 먼지 쌓인 방

처음 방을 쓸기 시작한 하인은 ………… 입니다. 물을 가져와 뿌린 소녀는………… 이고요.
율법은 …………를 알려 주어 …………를 짓지 못하게 도와주기는 하지만 …………를 없애 주지는 못해요. 본문 38p

사람이 ………… 을 받아들이면 믿음을 통해 죄가 뿌리 뽑혀 사라지고 …………이 깨끗해진답니다. …………이 거하시기에 적합한 상태가 되는 거지요. 본문 39p

## 2. 두 아이의 방

> ……………은 눈에 보이는 이 세상에서의 삶만 생각하는 사람이고, ……………는 하나님 나라를 생각하는 사람이지요. 본문 40p

참고) 하나님의 백성은 복된 약속을 많이 받지만, 그것을 당장 누리지는 않습니다. 시간을 두고 성숙의 여정을 통해 누릴 수 있습니다. 그래서 눈에 보이는 것보다 눈에 보이지 않는 좋은 것을 볼 줄 아는 훈련이 필요합니다. (출처:《이동원 목사와 함께 걷는 천로역정》)

## 3. 아름다운 궁전

용감한 남자가 궁전으로 들어가기 위해 군인들과 결투를 합니다. 상처를 많이 입었어도 그는 포기하지 않고 도전하여 결국 궁전 안으로 들어가게 됩니다. 크리스천은 그 모습을 보며, "무엇을 의미하는지 알겠다"고 말합니다. 크리스천이 무엇을 알게 되었을지 각자의 생각을 이야기해 보아요.

..................................................................

..................................................................

예시) 궁전 안으로 못 들어가게 하는 방해꾼들을 무찔러야 궁전에 들어갈 수 있습니다. / 하나님 나라에 들어가려면 많은 어려움을 만나겠지만 끝까지 싸워 승리할 수 있습니다. / 하나님 나라에 들어가기를 갈망하며 힘써야 합니다 등등.

4. 크리스천은 해석자의 집에서 '쇠창살 안에 갇혀 있는 남자'와 '바들바들 떨고 있는 남자'를 만납니다. 이들의 모습을 통해 우리가 조심해야 할 것은 무엇인지 나누어 보아요.

..................................................................

..................................................................

참고) 순례길에서 경계해야 할 것들이 있습니다. 마귀는 우는 사자처럼 삼킬 자를 찾아다닙니다. 우리는 영적 전쟁의 상황에 있음을 잊어서는 안 됩니다. 말씀을 가까이하여 하나님이 어떤 분이신지 제대로 알아야 합니다. 하나님에 대한 거룩한 두려움을 가지고 살아야 합니다. 성경 말씀에 나를 비추어 보아 바른길로 가고 있는지 점검해 보아야 합니다. 그리고 신앙의 길에서 떠나지 않도록 조심해야 합니다.

### 3장
# 무거운 짐을
# 벗어 버리고

**십자가 언덕**

1. 크리스천이 십자가 언덕에서 세 천사를 만났습니다. 세 천사는 크리스천에게 어떻게 했나요?

    ① 첫 번째 천사

    ..................................................................

    ② 두 번째 천사

    ..................................................................

    ③ 세 번째 천사

    ..................................................................

2. 세 천사가 한 일의 의미를 생각해 보아요.

① 첫 번째 천사는 .............고 말합니다.

참고) 죄가 사해졌다는 것은 죄가 없어졌다고 공식적으로 선포하는 것입니다. 예수님의 십자가 아래에서만 죄의 짐이 벗겨질 수 있습니다. 예수님의 십자가 공로로 죄가 사해졌음을 믿습니까?

② 두 번째 천사는 ............을 입혀 주었습니다.

참고) 옷은 신분을 나타내는 증표입니다. 군인은 군복을 입고, 경찰관은 경찰복을 입지요. 순례자는 더러운 옷을 벗고 새 옷을 입었는데, 새 옷은 신분의 변화가 일어났음을 상징합니다. 죄인에서 의인으로 변화되었다는 뜻입니다.

③ 세 번째 천사는 크리스천의 이마에 ...............를 했는데, 하나님의 자녀가 되었다고 인침 받는 것입니다. 그리고 ................를 줍니다. 두루마리는 하나님의 말씀을 의미합니다. 왜 천사는 순례길에 두루마리를 자주 펼쳐 보라고 했을까요?

참고) 믿음의 길은 자기 마음대로 걷는 길이 아닙니다. 말씀의 안내를 따라 걸어야 합니다.

### 고난의 산

1. 허례와 위선은 담을 넘어 들어왔습니다. 크리스천은 왜 그들이 바른길을 걷는 게 아니라고 책망했나요?

   ........................................................................................

   ........................................................................................

### 아름다움의 집

1. 아름다움의 집 앞에는 사자 두 마리가 있었습니다. 그러나 사자는 묶여 있어서 생명을 해칠 수는 없었습니다. 문지기는 왜 사자를 거기 두었다고 했나요?

   ........................................................................................

   ........................................................................................

참고) 대적 마귀는 으르렁거리며 우리를 노리지만, 예수님을 구주로 믿는 사람은 두려워하지 않고 담대히 지나갈 수 있습니다. 하나님이 함께하시기 때문입니다. 믿음이 있는 사람만이 그 길을 지나갈 수 있습니다.

2. 아름다움의 집에서 크리스천은 음식을 먹고 편히 쉬며 새 힘을 얻습니다. 여러분이 생각하는 아름다움의 집은 무엇입니까?

..................................................................................

..................................................................................

참고) 가정, 교회, 믿음의 공동체 등

3. 아름다움의 집에서 크리스천은 완전 무장을 하고 출발합니다. 에베소서 6장 13-17절을 함께 읽고, 순례길에 영적 무장이 필요한 이유를 나누어 보세요.

"13 그러므로 하나님의 전신 갑주를 취하라 이는 악한 날에 너희가 능히 대적하고 모든 일을 행한 후에 서기 위함이라 14 그런즉 서서 진리로 너희 허리 띠를 띠고 의의 호심경을 붙이고 15 평안의 복음이 준비한 것으로 신을 신고 16 모든 것 위에 믿음의 방패를 가지고 이

> 로써 능히 악한 자의 모든 불화살을 소멸하고 17 구원의 투구와 성령의 검 곧 하나님의 말씀을 가지라"
>
> _에베소서 6장 13-17절

참고) 마귀의 간계를 능히 대적하기 위해(엡 6:11)
주님의 힘으로만 마귀를 이길 수 있기 때문에(엡 6:10)

**4장**
# 악마들과 전투를 벌이다

### 악마 아볼루온과의 대결

1. 크리스천과 아볼루온의 마지막 결투에서 크리스천은 누구의 도움으로 재빨리 검을 잡습니까?

   ..................................................................................

   ..................................................................................

2. 크리스천이 외친 다음 대사를 큰 소리로 읽어 보아요.

   "나의 대적이여, 기뻐하지 마라!
   나는 엎드러질지라도 일어날 것이다!"

### 사망의 음침한 골짜기

1. 사망의 골짜기를 통과하기 위해 필요한 세 가지 무기는 다음과 같습니다. 왜 이러한 무기가 필요한지

이야기를 나누어 보아요.

① 모든 기도

................................................................................

................................................................................

참고) 기도는 하나님의 도우심을 구하는 강력한 무기입니다. 기도를 해야 위기에서 벗어날 수 있습니다. 짧든 길든, 어디에 있건, 낮이든 밤이든 성령 안에서 기도해야 합니다.

② 하나님의 말씀

................................................................................

................................................................................

참고) 크리스천은 누군가가 외친 시편 23편 4절 말씀을 듣고 힘을 냅니다. 하나님이 그와 함께하심을 말씀을 통해 깨닫고는 평안할 수 있었습니다.

③ 찬양

......................................................................................

......................................................................................

참고) 크리스천은 하나님의 도우심으로 큰 위험에서 벗어났다는 사실이 감격스러워 찬양을 부릅니다. 찬양은 어려움을 이기게 하는 강력한 무기입니다.

2. 크리스천은 사망의 음침한 골짜기에서 무시무시한 두려움과 어두움에 휩싸였어요. 그리고 '하나님은 너를 사랑하지 않아!'라는 악마의 속삭임에 시달렸어요. 크리스천은 사망의 골짜기에서 어떻게 빠져나왔나요?

......................................................................................

......................................................................................

......................................................................................

......................................................................................

## 5장
# 든든한 벗,
# 신실을 만나다

1. 신실은 사전적 의미로 '믿음직스럽고 착실함'입니다. 나에게 신실과 같은 믿음직한 친구가 있다면 소개해 보세요.

   ........................................................................
   ........................................................................
   ........................................................................

2. 수다쟁이는 말을 아주 잘했지만, 행동은 악마와 같다고 했습니다. 말과 행동이 다른 사람을 보면 어떤 생각이 드나요?

   ........................................................................
   ........................................................................
   ........................................................................

**6장**
# 헛됨시장에서
# 만난 큰 위험

1. 내가 헛됨시장을 지나가게 된다면 무엇을 살 것 같나요?

   ..................................................................

2. 헛됨시장에서 크리스천과 신실은 무엇을 사겠다고 했나요?

   ..................................................................

3. 사람들은 크리스천과 신실을 마구 때리고 죽이려 했지만, 두 사람은 오히려 그들에게 복을 빌어 주며 모욕을 참아냈습니다. 참고 행 7:55-60 나는 나를 욕하는 사람들을 어떻게 대하나요?

   ..................................................................
   ..................................................................

# 7장
# 절망의 거인과
# 의심의 성

1. 세상 집착, 돈 사랑, 구두쇠는 하나님이 주시는 좋은 것들만 누리며 사는 게 왜 나쁘냐며 항의합니다. 오히려 부자인 데다 신앙인이 되기까지 했으니 더 좋지 않느냐고 합니다. 이들이 말하는 논리의 함정은 무엇입니까?(크리스천의 대답(P 89 참고)에서 답을 이끌어내 보세요)

   .................................................................................

   .................................................................................

2. 크리스천과 소망은 절망의 거인을 만나 무척 고생합니다. 혹시 절망에 빠져 우울하고 힘든 일이 있나요? 절망의 감옥에서 나가기 위한 방법은 무엇인가요?

   .................................................................................

......................................................

......................................................

3. 감옥을 연 약속의 열쇠가 무엇을 의미하나요?

......................................................

......................................................

4. 점점 절망에 빠지는 크리스천을 붙잡아 주는 사람이 소망입니다. 소망은 크리스천에게 뭐라고 격려했나요?

......................................................

......................................................

......................................................

### 8장
# 마지막 공격을 퍼붓는
# 믿음 강도들

1. 다음의 박스 글을 읽고 함께 의견을 나누어 보아요.

---

무지는 당당히 말했다.
"저는 나름대로 착하게 살아왔어요. 기도와 금식을 많이 하고, 헌금도 잘했지요. 천국에 가려고 고향까지 등지고 나왔으니 충분하지 않나요?"
크리스천은 걱정스런 표정으로 말했다.
"좁은 문으로 들어와야만 해요. 굽은 길을 통해 가면 강도로 취급받아 문전박대를 당한답니다."
무지가 대거리했다.
"좁은 문이 여기서 얼마나 먼 지 아세요? 우리 마을에서 천국 문까지 곧바로 이어지는 쾌적하고 푸르른 길이 있는데 왜 그 좁은 문으로 가야 하지요?"

① 무지와 크리스천의 대화에서 무지는 가장 중요한 것을 놓치고 있습니다. 그것은 무엇인가요?

..................................................................................

..................................................................................

② 성경이 말하는 구원은 무엇입니까? (갈 2:16, 21; 엡 2:8-9)

..................................................................................

..................................................................................

2. 마법의 땅은 영적으로 깊이 잠들게 하는 땅이어서 조심해야 합니다. 크리스천과 소망이 잠을 이기기 위해 어떻게 했는지 말해 보고, 전도서 4:9-10을 같이 읽어 보아요.

..................................................................................

..................................................................................

..................................................................................

..................................................................................

3. 작은 믿음은 넓은 문에서 강도들을 만났습니다. 강도들을 만날 것에 대비해 무엇을 준비해야 합니까?

.................................................................................

.................................................................................

.................................................................................

.................................................................................

**9장**

# 죽음의 강 건너
# 마침내 천국

1. 크리스천과 소망이 천국 문으로 가기 위해서는 죽음의 강을 건너야 했습니다. 그들은 어떻게 그 강을 무사히 건널 수 있었나요?

   ..................................................................................

   ..................................................................................

2. 우리는 언젠가 반드시 죽음의 강을 마주하게 됩니다. '죽음'이란 말을 들었을 때 어떤 생각이 드는지, 그리고 죽음을 준비하며 사는 삶이 무엇인지 나눠 보아요.

   ..................................................................................

   ..................................................................................

   ..................................................................................

   ..................................................................................

3. 내가 천국에서 꼭 만나고 싶은 사람이 있나요? 만일 그가 불신자라면 어떻게 전도할지 방법을 생각해 보아요.

……………………………………………………………………
……………………………………………………………………
……………………………………………………………………
……………………………………………………………………
……………………………………………………………………
……………………………………………………………………
……………………………………………………………………